幼儿教师专业发展译丛

早期教育理论的实际应用
Understanding
Early Years Theory in Practice

[英]莫琳·戴利 伊丽莎白·拜尔斯 温迪·泰勒 著

王海波 译

南京师范大学出版社

图书在版编目(CIP)数据

早期教育理论的实际应用/(英)莫琳·戴利,(英)伊丽莎白·拜尔斯,
(英)温迪·泰勒著;王海波译.—南京:南京师范大学出版社,2010.1(2024.6重印)
(幼儿教师专业发展译丛)
ISBN 978-7-81101-796-0

Ⅰ.早… Ⅱ.①莫…②伊…③温…④王… Ⅲ.早期教育—研究
Ⅳ.G61

中国版本图书馆 CIP 数据核字(2008)第 146863 号

本书简体中文版由南京师范大学出版社在中国大陆地区出版发行。
著作权登记号 图字:10-2021-351
Understanding Early Years Theory in Practice by Maureen Daly, Elisabeth Byers,
Wendy Taylor
Copyright © 2006 by Maureen Daly, Elisabeth Byers, Wendy Taylor
Original edition published by Harcourt Education Limited (Halley Court, Jordan Hill,
Oxford OX2 8EJ, UK)
Original illustrations © Harcourt Education Limited, 2006
Simplified Chinese Copyright © 2009 by Nanjing Normal University Press
All rights reserved.

Acknowledgements
Every effort has been made to contact copyright holders of material reproduced in this book.
Any omissions will be rectified in subsequent printings if notice is given to the publishers.
The author and publisher would like to thank Sheila Riddall-Leech for permission to
use the appendix.
Photo acknowledgements
Page 3: Harcourt Ltd/Jules Selmes; page 56: Elisabeth Byers; page 69: Photos. com;
page 82: Harcourt Ltd/Jules Selmes; page 116: Brand X Pictures; page 136: Elisabeth Byers.

书　　名	早期教育理论的实际应用
作　　者	(英)莫琳·戴利　(英)伊丽莎白·拜尔斯　(英)温迪·泰勒
译　　者	王海波
责任编辑	张　春
出版发行	南京师范大学出版社
地　　址	江苏省南京市玄武区后宰门西村9号(邮编:210016)
电　　话	(025)83598919(总编办)　83598412(营销部)　83598312(邮购部)
网　　址	http://press.njnu.edu.cn
电子信箱	nspzbb@njnu.edu.cn
印　　刷	扬州市文丰印刷制品有限公司
开　　本	787×1092　1/16
印　　张	12
字　　数	261千
版　　次	2010年1月第1版　2024年6月第5次印刷
书　　号	ISBN 978-7-81101-796-0
定　　价	24.00元
出版人	张　鹏

南京师大版图书若有印装问题请与销售商调换
版权所有　侵权必究

致　谢

我要感谢我的侄女劳拉(Laura)"不哭不闹",感谢我的家人充满耐心。我还要特别感谢与我一起撰写此书的其他合作者以及出版人贝斯·霍华德(Beth Howard),感谢她们的长期支持。

莫琳·戴利

我要感谢约瑟(Joseph)和彼得(Peter),他们在此书撰写期间一直充满耐心;还要感谢此书的其他合作者,因为她们在儿童教育方面有无穷的智慧和持续的灵感。我还要感谢贝斯的鼓励和指导。

伊丽莎白·拜尔斯

我要感谢我的家人,他们能够忍耐我好几个月"伏案工作",尤其是凯文、莱萨和亚当(Kevin, Leza and Adam)最辛苦。我还要向我的同事和学生致谢,他们在不同阶段阅读了我的书稿,并贡献了自己的思想和知识:布里基德·奥斯古德(Brigid Osgood),卡罗琳·乔奇(Caroline Chalke),玛丽·普劳斯(Mary Plows),维奇·布鲁克(Vicky Brooker),凯伦·康罗伊(Karen Conroy),以及奥克兰兹学院德里工程学院的二年级学生。明眸睿智集团的加利纳·多尔亚(Galina Dolya)和大卫·希金斯(David Higgins)一直很支持我,并以她们对列大·维果斯基著作的理解帮助我。

整个工程需要很多努力,如果没有莫琳(Maureen)、莉齐(Lizzie)和海尼曼公司的贝斯·霍华德的长期信任,我的努力将不会成功。

最后,我要提及凯蒂·维尔金逊(Katie Wilkinson)——一位非常美丽的人,在我撰写此书的过程中不幸去世,对我的家人产生了很大影响。

温迪·泰勒

前　言

真正深入地理解儿童,需要很多经验和耐心。有经验的早期教育人员会不断研究儿童的发展,并在一生的职业生涯中不断学习。英国政府的战略是建设一支高素质的教师队伍。这就意味着你不仅需要训练有素,而且还要不断地发展自己的技能。你需要完全了解儿童的发展、儿童保育和儿童教育,彻底理解良好实践的理论基础,才能成为善于反思的从业人员。

在实践中反思,是你根据自己对儿童学习和发展理论的理解,对自己的工作效果进行评价的关键。这种自我评价的过程会贯穿在你的整个职业生涯中,并需要实践和开放的思想作后盾。善于反思的早期教育人员能够:

- 对自己的工作方式负责。
- 批判性地评价自己的工作。
- 基于自身已有经验,为儿童的利益服务。
- 思考自己对儿童学习的计划和行动所产生的后果。
- 改进实践。
- 积极挑战对儿童不利的既有实践。
- 询问儿童的真正需求是否得到满足。
- 询问儿童是否受到挑战和激励。
- 为改善儿童的境况而改变工作方法。
- 根据自己对儿童发展理论的理解来阐释所发生的事情。

本书的目的在于为早期教育专业三级课程的学生、早期教育实践工作者提供便捷的资源,同时也适用于四级课程的学生,以便他们复习知识,巩固理解。从事早期教育的教师和实践工作者会发现本书资源有利用价值,能够激发人们讨论儿童如何学习,并关注其中的理论观点对现代实践的启示。作为经验丰富的儿童保育领域的教师,本书作者认识到很多学生和早期教育实践工作者面临的挑战是如何把理论与自己的工作实践结合起来。这些挑战可能是:

- 理解所使用的理论与术语方面有困难——那意味着什么?
- 把理论运用于实践的困难——这会给我的工作带来什么变化?
- 认识理论的重要性——我为什么需要了解?

因此,本书经常引用现实生活中的案例,帮助你把儿童发展和学习的理论与你的实践结合起来。每一章的论述都包含了以下内容:

- 理解早期教育实践中的理论问题为什么是重要的。
- 早期教育机构提供的经验对儿童的益处。

● 你在支持儿童发展和学习中的作用。

研究者和理论家的工作,有助于你不断地发展并评价儿童的发展。本书自始至终,都在努力把已有理论和新兴理论讲得通俗易懂。每一章探讨的都是儿童发展的不同问题,并注重把理论与当前实践结合起来,同时强调你在提供相关学习和发展机会方面的作用。

● 第1章概述当前的国家课程和学习框架,并介绍了对实践有影响的其他风格的学习框架。本章仔细研究了《基础阶段课程指南》(Curriculum Guidance for the Foundation stage)和《0—3岁教养方案》(Birth to Three Matters Framework),简述了它们在实践中的应用及其背后的原理。本章还探讨了玛丽亚·蒙台梭利(Maria Montessori)和鲁道夫·斯坦纳(Rudolf Steiner)的工作,并清楚地解释了他们工作的重点及其在今天的蒙台梭利学校和斯坦纳学校里的理解。主流教育领域也在使用这些方法的某些要素。本章其余部分探讨了另外两种方法的现实应用。意大利的瑞杰欧·埃米莉亚(Reggio Emilia)方法已经运用于学前教育机构,并引起了人们针对该方法基本要素的很多讨论。例如,运用表现艺术和环境来鼓励儿童学习,使儿童得到发展。森林学校(Forest Schools)的思想是运用户外环境,鼓励儿童的独立性发展。本章对这些思想进行了深入探讨,并注重结合实践加以说明。

● 第2章重点讨论了儿童的学习能力,并分析了让·皮亚杰(Jean Piaget)和列夫·维果斯基(Lev Vygotsky)的工作,在现代实践的背景下阐述他们理论的主要特点。这两位理论家对早期教育人员有着深远的影响,因此,希望你根据自己的实际情况思考这些理论。杰罗姆·布鲁纳(Jerome Bruner)的著作论述了他提出的有关儿童学习的鹰架理论,以及在提供恰当的学习经验的过程中成人角色的重要性。本章还探讨了如何认识皮亚杰提出的"图式"。本章通过蒂娜·布鲁斯(Tina Bruce)和彭·格林中心(Pen Green Centre)的工作,呈现了"儿童学习"这个让人着迷的问题的研究现状。此外,本章反思了你在理解和运用这些理论观点中的作用。

● 第3章探讨了儿童交流的方式,包括言语习得的理论、早期社会互动的重要性和如何支持儿童早期读写。你需要记录儿童的语言发展,所以你必须理解儿童如何学习说话和习得语言的技能。你的挑战之一,就是利用环境和周围的文字实例,刺激儿童早期书写技能的发展。我们研究了这个领域的好的做法,以便让早期教育人员懂得如何支持儿童。关于语言习得以及给儿童在发展和技能的关键领域提供支持的著作可谓汗牛充栋。如果儿童早期受到鼓励,有丰富多彩的互动和温馨的关系支持,那么他们将来就能够完成学习说话、阅读和书写的艰巨任务。你在儿童这些方面的发展中发挥着重要作用,但需要以恰当的资源与技巧来促进和鼓励儿童学习。我们将要探讨的很多研究都表明倾听儿童的心声至关重要。毕竟,我们期待他们听我们的话!

● 第4章探讨了社会性发展研究领域中的一些重要理论家。理解儿童的社会性发展,有必要首先考察儿童在社会中的地位,考虑家庭和文化的期望。我们讨论了社会性发展领域中的一些关键理论家,分析了儿童如何建立自己的最初关系以及与母亲形成依恋关系。你有必要深入了解儿童在社会上如何自我定位,以及他们如何建立起自己最初的关系。有了这些知识和理解，你就可以支持儿童和他周围的成人，从他们的关系、从与周围人和更广泛的世界的互动中获得最大的利益。

● 第5章论述儿童情绪和情感的健康发展，涵盖了卡尔·罗杰斯（Carl Rogers）、西格蒙德·弗洛伊德（Sigmund Freud）、约翰·鲍尔比（John Bowlby）的理论观点。儿童从出生开始，就迅速地发展了体验和表达不同情绪与情感的能力，也发展了应对和管理各种情绪与情感的能力。到了2岁的时候，这些能力多数已经具备。因此，早期教育人员有必要完全理解儿童情绪和情感的发展过程，完全理解可能对儿童情感健康造成影响的因素。情绪和情感影响我们的社会行为和我们所做的很多选择。学会管理情绪和情感对某些儿童而言可能很困难，如果早期没有得到周围成人的恰当支持，就可能导致其未来的心理障碍。

● 第6章考察了儿童的游戏及游戏支持儿童学习的种种形式，还探索了自由流游戏、结构游戏以及游戏环境。有关理论和研究表明，游戏的最大特点之一就是用种种方式支持儿童的学习。很多早期教育人员都承认游戏的价值。然而，游戏作为学习方法似乎并没有在所有的教育机构中得到有效运用。

自始至终，本书都关注重要的理论家及其思想，并以下面的特色栏目帮助你理论联系实践：

● "案例研究"——以真实的生活场景阐明实践中的理论。
● "请思考"——有助于认识实践中的理论观点和发人深思的问题。
● "请尝试"——建议有关任务和活动，帮助你将理论与实践相结合。
● "良好行为清单"——提供有利于实践的要点清单。
● "检查你的理解"——每章末附简答题，既检查你对探讨过的要点的理解，也是一种复习。
● "参考文献"——每章末列举了建议阅读的资料，可供你进一步深入探讨理论问题。
● "术语表"——本书末列出关键术语系列。

为了帮助读者检索具体的理论家的信息，每章开头都列举了该章讨论的理论家清单，并附有相应的页码，便于快速检索。

目 录

- 致 谢

- 前 言

- 第1章 儿童学习框架/1
  - 课程框架/2
  - 其他学习框架/13

- 第2章 儿童如何学习/35
  - 理论家与研究者论儿童学习/36
  - 早期教育人员在促进儿童学习中的作用/58

- 第3章 儿童的交流/63
  - 儿童如何学会说话/64
  - 早期社会互动的重要性/70
  - 支持儿童早期读写/77

- 第4章 儿童的关系/94
  - 作为社会人的儿童/95
  - 建立最初的关系/101
  - 友谊的出现与亲密关系的发展/112
  - 关键教养员方法/118
  - 移 情/120

- 第5章 儿童如何感受/123
  - 情绪智力/124
  - 自我意识/134

- 自　尊/134
- 应对情绪和情感/136
- 成人如何与儿童互动/139
- 关于儿童如何感受的重要理论/140

■ **第 6 章　儿童的游戏**/146
- 早期教育课程的先驱/147
- 蒂娜·布鲁斯和自由流游戏/154
- 整合各种理论/157
- 成人发起的游戏和儿童发起的游戏/161
- 结构游戏/165
- 游戏环境/167
- 启发式游戏/171
- 户外游戏/172

■ **术语表**/176

■ **附　录**/180

第1章

儿童学习框架

导言

早期教育领域有多种教育和照料儿童的机构和服务措施。这些机构包括传统的学校、国家出资的日托中心、私立的日托机构等。这一系列的教育机构运用课程和学习框架，精心安排儿童学习的环境，丰富儿童的学习经验，从而给他们最好的人生开端。这些课程和学习框架还为儿童教育提供了标准，特别强调要保证每一个孩子都有平等的学习机会。

近些年，这些框架囊括了全国一致认可的课程：针对5—16岁青少年的国家课程、3—5岁儿童的《基础阶段课程指南》以及给婴幼儿设定的《0—3岁教养方案》。除了法定的课程，也可以选用其他学习框架。从本书的宗旨出发，我们选择讨论以先驱玛丽亚·蒙台梭利和鲁道夫·斯坦纳的著作为基础的学习框架。虽然这两位先驱生活和工作的年代已经久远，但是他们的思想理念至今长盛不衰。世界各地有很多私立学校，这些学校均有自己的思想体系，教育者对于这些思想体系在儿童学习方面的影响很感兴趣，因为在孩子还没接受国家教育之前，很多家长会选择把孩子送到蒙台梭利学校或者斯坦纳学校进行学前教育。本章同时探讨了早期教育中的瑞杰欧·埃米利亚方法，以及来自瑞典和丹麦的森林学校思想。意大利的瑞杰欧·埃米利亚小城镇教育家的著作，引起了世界轰动，已经成为英国教育工作者关注的一个重点，促使他们反思自己提供的教学方法和手段。这些思想和实践很多已经被教育机构所采纳，因此，本章讨论这些方法是切合实际的。森林学校对英国而言相对较新，先驱者的工作主要在萨莫塞特的布里奇沃特学院开展。然而，这些思想正在传播，说明人们目前已经认可儿童学习中户外课程的重要性。

本章涵盖了两方面内容：
- 课程框架
- 其他学习框架

本章涉及的理论家有：
- 玛丽亚·蒙台梭利，第13页
- 鲁道夫·斯坦纳，第18页

课程框架

《基础阶段课程指南》

针对3—5岁儿童的《基础阶段课程指南》在2000年9月引入,是英国资助教育(funded education)的重要里程碑。这个阶段的教育第一次有了自己的地位和课程指南。

原　则

《基础阶段课程指南》以下面列举的早期教育实践中行之有效的原则为基础。

良好行为清单

《基础阶段课程指南》中行之有效的教育原则

◆ 有效教育既需要一个适宜的课程,也需要能够理解并贯彻课程要求的早期教育人员。

◆ 有效教育需要早期教育人员理解儿童早期在身体、智力、情感和社会交往方面的迅速发展。

◆ 早期教育人员要确保全体儿童都获得归属感、安全感和价值感。

◆ 早期学习经验应当以儿童已经了解和会做的事情为基础。

◆ 每一个儿童都不应该受到排斥或被置于不利地位。

◆ 家长要和早期教育人员通力合作。

◆ 为确保课程有效,应当精心建构早期课程。

◆ 既要给儿童机会参与成人提供的活动,也要给儿童机会参与他们自己设计和发起的活动。

◆ 早期教育人员要能够正确观察并回应儿童。

◆ 精心设计、有明确目的的活动和早期教育人员恰当的介入能够使儿童积极投入学习过程。

◆ 学习环境必须精心设计,组织有序。

◆ 早期教育人员所提供的保育和教育应当是高质量的。

来源:改编自 DfES(2000),第11—12页

图 1-1 《基础阶段课程指南》的依据是早期教育实践中行之有效的原则

 **请思考**

考虑这些原则与你的实践和工作环境的关系,并反思这些原则会产生的影响。

下面列出你可能考虑过的部分问题(见表 1-1)。

表 1-1 《基础阶段课程指南》:对实践的影响

早期教育原则	对实践的影响
有效教育既需要一个适宜的课程,也需要能够理解并贯彻课程要求的早期教育人员	你应当了解《基础阶段课程指南》,并以此为基础设计儿童的活动。你有必要和同事讨论如何有效地实施这个指南的内容。可以通过常规的计划制订会来设计长期、中期、短期的计划。这些计划要反映适合儿童的活动,鼓励通过"发展阶石"(stepping stones)来促进儿童的发展和进步 你还要定期参加相关领域的学习班,以便不断给儿童提供激励性体验,并向同事传递新的思想

续表

早期教育原则	对实践的影响
有效教育需要早期教育人员理解儿童早期在身体、智力、情感和社会交往方面的迅速发展	你应当充分理解儿童在各个领域的发展——身体方面、智力方面、情感方面、社会交往方面——知道如何向儿童提供挑战,从而促进儿童的发展 这可能需要定期更新知识,与同事讨论,并认识到及时培训的需求。相关教育机构也会实行"质量保证计划",以确保坚持标准,给予儿童同等的进步机会
早期教育人员要确保所有儿童都获得归属感、安全感和价值感	你要确保所有儿童都感到是托幼机构中的一员,并在其中感到自由自在。达到这一目标的方法可以是与儿童一起布置展品,使用的材料能反映社区和更广阔的世界;同时应当欢迎儿童和他们的家庭,儿童的家庭生活和文化背景必须受到尊重。早期教育机构应当实行关键教养员制度(key worker system),即一个成人负责一小组儿童,给他们提供帮助,让儿童获得安全感,其观点和需求也受到重视和关注
早期学习经验应当以儿童已经了解和会做的事情为基础	你需要建构一幅儿童的能力和需求图。很多托幼机构都在儿童入园以前安排家访,让工作人员有机会与孩子和家长在他们的家中交谈。花时间和家长沟通关于孩子的事情也是好主意,这可以使所安排的活动反映儿童的兴趣和经历,并以他们的已有知识为基础 你需要观察儿童来确定他们的理解水平,并规划进一步的活动;这些观察记录要与团队其他成员和家长共享,大家共同努力,促进儿童的学习
每一个儿童都不应当受到排斥或被置于不利地位	要仔细检查那些供儿童使用的材料和设备,确保这些材料和设备不会把任何儿童排斥在外,或者使他们处于不利地位。例如,给左撇子儿童提供合适的剪刀,为参与活动的儿童提供足够的手工工具等。特别活动的机会人人均等,例如烹饪,要让有困难的儿童适应有关工具。你应当知道自己照料的儿童的个性需求,以确保他们都有均等机会。在设计活动和提供经验的时候,应当考虑到每个儿童的需求,从而确保机会均等

续表

早期教育原则	对实践的影响
家长要和早期教育人员通力合作	这可能要占用家长的夜晚时间,需要家庭—学校方面的书籍,需要父母在教室辅助教学,以及父亲们利用上午、社会活动时间和晚上来交流信息
为确保课程有效,应当精心建构早期课程	应当为儿童规划活动,把儿童与其具体年龄、具体发展阶段的学业预期联系起来。计划要统观全年,并且分成主题、每周计划和每日计划。所提供的经验应当丰富多彩,有利于刺激学习,并利用户外环境 要对儿童进行常规观察,以确保儿童都参与高质量的活动和体验,从而反映《基础阶段课程指南》
既要给儿童机会参与成人提供的活动,也要给儿童机会参与他们自己设计和发起的活动	有些活动是由教师专门设计的,反映早期学习目标,例如在小组里提供制作标记、绘画、学习儿歌、听故事的机会。应允许儿童有自己的想法,追寻自己的兴趣,因为这能够刺激学习,促进独立性的发展。儿童能够从自己组织游戏、参与想象游戏、形成自己的思想等过程中学习
早期教育人员要能够正确观察并回应儿童	应当详细记录自己对儿童的观察,然后和同事分享这些记录,并利用这些记录为儿童规划以后的适当活动 观察记录可以保存到文件包里,和家长、儿童分享,从而建立学校和家庭之间的联系。观察记录使你有机会了解自己照料的儿童,对他们的需求做出合适的反馈,并对照预期标准考察他们的进步,从而把实践和发展理论联系起来 观察记录的撰写方法各式各样,例如陈述式、图表式、清单式等,包含的信息越多越好。运用这些观察记录,就为测评提供了基础。在基础阶段课程上生成的这些文件包,有助于你在儿童基础阶段教育结束的时候建立起基础阶段档案
精心设计、有明确目的的活动和早期教育人员恰当的介入能够使儿童积极投入学习过程	应确保儿童参与到有趣的、有挑战性的、能促进他们学习的活动中。你需要知道什么时候介入儿童的游戏,什么时候让游戏自然进行,并观察当时的游戏和学习的模式 实施干预主要是出于健康和安全的原因,或者是当某一个孩子因为游戏或者其他孩子的行为而处于不利地位的时候。为了拓展游戏,也有必要进行干预

续表

早期教育原则	对实践的影响
	你要适时地参与到游戏当中,才能恰当干预。千万注意自己不要主导游戏,而是要从儿童身上发现线索
学习环境必须精心设计,组织有序	设备和材料必须方便儿童使用,应让儿童够得着纸盒和抽屉,以便他们能够选择材料进行游戏。设备和材料要归位,以便儿童知道所有东西都在哪里,使用完毕后放到哪里。托幼机构要提供一系列刺激和富于激励性的经验,给儿童留下共同玩耍的空间。有些区域要保持不变,例如水游戏和沙子游戏的场所,以便保证安全性。环境的变化要采取渐进的方式,并且要变化得当 儿童也可以参与环境的设计,例如想象游戏区的重点发生有规律的变化,如从美发廊变成海盗船,从房屋到热气球挂篮。重要的是应保持环境整齐清洁。当陈列品已经破旧、所有孩子在年度课程中已经展示了他们的一些作品时,就要把旧的陈列品取下来。可以鼓励儿童在特定的"整理时间"(tidy-up time)参加到这项工作中——有的时候还可用音乐伴奏
早期教育人员所提供的保育和教育应当是高质量的	照料儿童的任务十分重要,你的工作要反映这一点。你应当知道好的做法的构成要素,时刻记住儿童的最高利益,并引入"质量保证计划"

满足儿童的需求

《基础阶段课程指南》一直特别强调要提供挑战儿童的活动和经验,满足儿童的个别和不同需求,从而达到促进儿童发展的目的。进入早期教育机构的儿童,均有不同的经历、技能、知识和学习能力。无论他们的背景、种族、性别或者需求如何,你对所提供的活动和经验都要做好计划,才能满足每一个儿童个体的需求。有的时候,做到这点并不容易,但是,《基础阶段课程指南》针对这点突出了关键期待目标。

◆ 依据儿童的知识、经历、兴趣和技能提供机会,并让这些机会发展儿童的知识、经历、兴趣和技能,发展儿童的自尊和对自己学习能力的信心。
◆ 立足于儿童的学习需求,运用各种各样的教学策略。
◆ 提供各种机会激发、支持和发展儿童的学习机会,帮助他们有效地参与、关注和学习。
◆ 提供一个安全和支持性的学习环境,在这种不受干扰的教育环境下,重视所有儿童的贡献,挑战所有针对种族、宗教、残疾和性别的刻板印象。

◆ 积极运用能够正面反映差异、没有歧视和刻板印象的材料。

◆ 如果有的儿童的能力和理解水平超出了他们的语言和交往技能,就要为他们提供挑战性的机会。

◆ 关注儿童在任何领域的进步,积极采取措施提供支持,例如使用不同的教学策略、利用成人或其他机构额外的帮助等。

来源:DfES(2000),第17—18页

早期教育原则以及满足儿童多样化需求的要求,能支持在任何教育环境下的良好实践,并接受教育标准办公室(Office for Standards in Education,简称 Ofsted)审查过程的评估。

学习领域

《基础阶段课程指南》确定了六个关键学习领域,帮助早期教育人员规划学习环境,并提供了早期课程框架。这些内容都体现在表 1-2 中。

表 1-2 《基础阶段课程指南》:学习领域

学习领域	主要特点
人格、社会性和情感发展	◆ 关系 ◆ 独立性 ◆ 对自己和他人的尊重 ◆ 自我形象 ◆ 友谊 ◆ 积极的学习方法 ◆ 角色榜样 ◆ 情感
交流、语言与读写	◆ 思维、想法与情感的交流 ◆ 建立关系 ◆ 互动 ◆ 儿歌、音乐、歌曲、诗歌、故事和非小说类书籍 ◆ 书写 ◆ 阅读 ◆ 口语 ◆ 会话 ◆ 可选择的交流系统,例如符号语言 ◆ 倾听

续表

学习领域	主要特点
数学发展	◆ 数字 ◆ 模式 ◆ 计数 ◆ 计算 ◆ 形状、空间和测量
认识和理解世界	◆ 科学、设计和技术、历史、地理和信息通信技术 ◆ 探索 ◆ 观察 ◆ 解决问题 ◆ 预测 ◆ 批判性思维 ◆ 决策 ◆ 讨论 ◆ 好奇心 ◆ 提出问题
身体发展	◆ 提高技能 ◆ 协调 ◆ 控制 ◆ 操作 ◆ 运动 ◆ 自信 ◆ 健康 ◆ 活跃 ◆ 挑战 ◆ 户内外空间
创造性发展	◆ 艺术 ◆ 音乐 ◆ 舞蹈 ◆ 角色游戏 ◆ 想象游戏 ◆ 独创性 ◆ 用材料进行探索和试验 ◆ 通过感官学习 ◆ 思想观点

上述六个学习领域对早期教育机构有很大影响。它们都根据这六个学习领域进行规划。例如,很多机构都运用主题来组织儿童全年的学习,每一个主题都被分为很多活动,这些活动能够促进六个学习领域的发展。儿童学习成绩依据"发展阶石"(见下文)得以确认,这些"发展阶石"在《基础阶段课程指南》中有阐述。早期教育人员应当确保教育的重心平均分配给每个学习领域,从而保证儿童在课程上的均衡发展。

 **请尝试**

查看基础阶段的每一个学习领域。
考虑你所在的教育机构中儿童能够用到的设备、材料和能够参与的活动。
这些设备、材料和活动能够促进哪个/哪些学习领域的发展?

基础阶段学习领域确定了"早期学习目标"(early learning goals),这些目标对儿童应当达到的水平有明确的界定。《基础阶段课程指南》采用了"发展阶石"标志帮助早期教育人员设计活动,使儿童达到早期学习目标。这些"发展阶石"都有颜色标记,最容易达到的是黄色段,接着是蓝色段、绿色段,直到"早期学习目标"的灰色段。《基础阶段课程指南》还包括儿童能够做什么、教师需要什么来帮助评价儿童的技能并教儿童进步等范例。

 **请尝试**

阅读《基础阶段课程指南》。所有的早期教育机构都应当有这一文件,你也可以自己获取(见第33页"参考文献")。
1. 仔细阅读文件,熟悉学习领域和早期学习目标。
2. 与管理者或同事讨论,确定你所在的教育机构中儿童正在致力学习的领域。讨论儿童进步中所需要的"发展阶石",以便达到相应的学习目标。你需要做什么? 课程中有行动指南。

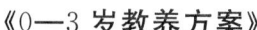《0—3岁教养方案》

0—3岁儿童的保育和教育框架,既适用于实施《基础阶段课程指南》的教育机构,也适用于8岁以下日托和儿童看护的国家标准。这个框架对任何早期教育人员都适用,并能对个人和教育机构提供帮助、信息和指导。本框架强调了这个年龄段本身的重要性,儿童被视为框架的核心,而不是学习领域的对象。它重视并赞美婴幼儿,承认他们的个性和努力。

原　则

正如《基础阶段课程指南》一样,《0—3岁教养方案》(Birth to Three Matters Framework)说明了良好行为的原则,现列举如下。

 **良好行为清单**

《0—3岁教养方案》中的良好行为原则

- 父母和家庭对儿童的健全发展起到重要作用。
- 与他人的关系在儿童的人生中至关重要。
- 在家庭和托幼机构中与主要照看者建立关系,对儿童的健全发展具有不可或缺的意义。
- 婴幼儿是社会人,他们从出生后就有能力学习。
- 在有知识的成人的支持下,儿童积极参与活动并有浓厚的兴趣,使学习成为一个共享和高效率的过程。
- 有爱心的成人比资源和设备更加重要。
- 计划和日程必须随着儿童的需求而变化。
- 如果给儿童恰如其分的责任,允许他们犯错误、进行决策和选择,把他们看成自主且有能力的学习者,并尊重他们,那么儿童就已经在学习了。
- 儿童的学习是在实践中完成,而不是在接受命令中完成。
- 儿童很容易受到伤害。他们在依赖别人中学习独立。

来源:DfES/Sure Start(2002),第4—5页

这些原则如何影响实践

这是历史上第一次为最小的孩子制订方案。它承认了人生早期几年在决定儿童长期幸福和成功方面的重要性。这也就是承认和重视早期教育人员正在从事的工作,有助于使儿童面对的保育和教育标准化。如此一来,无论儿童生活在康沃尔还是约克郡,生活在卡莱尔还是在彼得伯勒,都能受到标准化的保育和教育。

早期教育人员已经接受了政府资助的培训,应当在他们的教育机构中通过规划和实践反映这一框架。《0—3岁教养方案》文件包中的手册、录像带、CD以及其中的卡片都为早期教育人员提供了清楚的指导,它们可以在教育机构中展示,并提供有效的实践、游戏和实际帮助,以满足儿童的不同需求。

 请尝试

海伦的面试

海伦刚刚大学毕业,获得了三级幼儿保育证书。她实际上非常喜欢与婴幼儿有关的工作,她很高兴应邀参加照料6—12个月年龄段孩子的职位面试。

作为面试的一部分,她被要求就她可能需要的素质和技能做一个简短的陈述,依据是《0—3岁教养方案》的原则。

请参阅上文列举的原则。你认为照料婴幼儿需要哪些技能和能力?

当联系有关原则,考虑海伦可能需要的从业素质时,你也许会考虑如下能力:
- 和婴幼儿建立关系,支持并重视他们,提高婴幼儿的幸福感和信任感。
- 与家长建立联系,因为家长是专业人士,也尊重自己与孩子的关系。
- 理解婴幼儿发展的需求,并了解如何促进他们学习。
- 与婴幼儿一起快乐地分享经验。
- 有激情和爱心。
- 认识到婴幼儿的脆弱,并能够鼓励他们适度独立。

《0—3岁教养方案》的各个方面

这一方案按照儿童的四个方面进行组织。
- 强壮的儿童
- 熟练的交流者
- 有能力的学习者
- 健康的儿童

贯穿这四个方面的关键思想总结如下表(见表1-3)。注意,成人自始至终扮演着重要角色。

表1-3 《0—3岁教养方案》:方案中四个方面的关键思想

方案的具体方面	关键思想
强壮的儿童	强壮的、有能力的、自信的儿童。婴幼儿需要一个有培育能力、有爱心的机构,从这里开始自我发现之旅,并获得成功;成人在其中扮演重要角色
熟练的交流者	正在学会理解周围声音的意义,并将这些声音转化成"对话"的儿童。学习交往的"规则",倾听、回应并发现声音,建立社会关系
有能力的学习者	通过联系经验而理解世界,通过感官探索世界,发现并尝试
健康的儿童	因为受到关怀,所以他们在身体、社会交往和情感上都得到发展。能体验温情关系,富有激情和活力地成长和发展;受到保护,有安全感

正如图 1-2 所示，每个方面都有四个要素。这一方案显示了各个方面和各个要素所包含的内容。

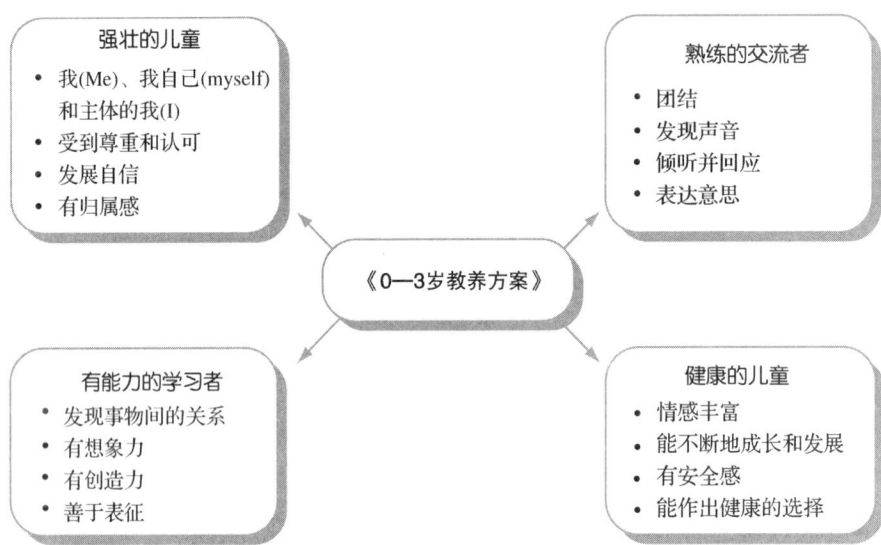

图 1-2 《0—3 岁教养方案》：各个方面与要素

下面的例子（图 1-3）说明了一组 1 岁幼儿在诸如使用乐器的活动中，是如何促进《0—3 岁教养方案》中四方面能力的提高的。

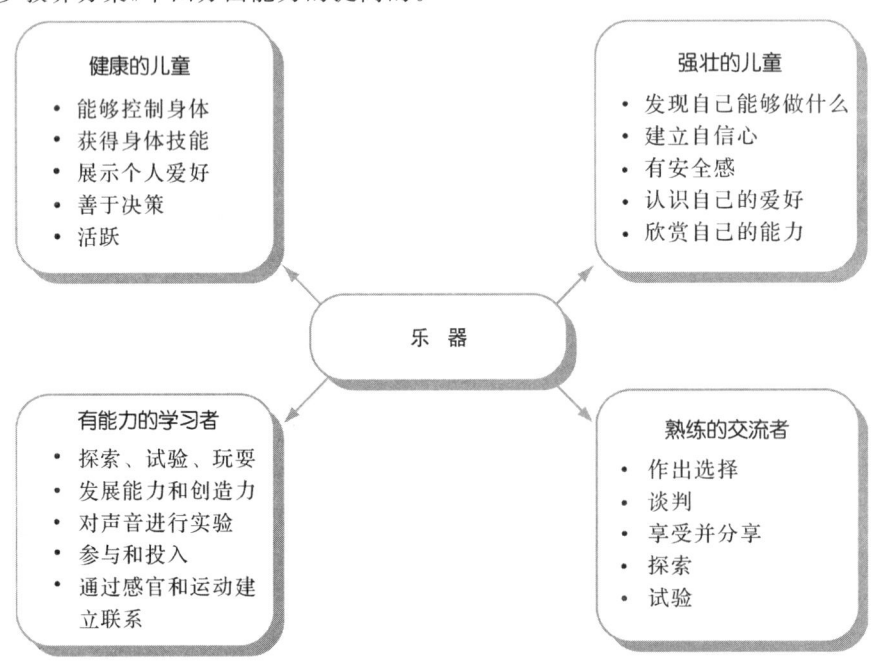

图 1-3 《0—3 岁教养方案》：音乐活动如何满足框架中的四个方面

 **请尝试**

想一想,你给儿童提供的活动如何与《0—3岁教养方案》衔接?

人们已经计划将来把《基础阶段课程指南》和《0—3岁教养方案》结合起来,形成《基础阶段早期教育》(*Early Years Foundation Stage*),作为对0—5岁儿童实施的单一的优质框架。这也将包括《十四项国家儿童保育标准》中的要素。这些计划的依据是英国十年教育战略。更多信息请查阅 www.hm-treasury.gov.uk。人们期待《基础阶段早期教育》最终能在2008年形成。

其他学习框架

玛丽亚·蒙台梭利

玛丽亚·蒙台梭利(Maria Montessori),1870年8月31日出生于意大利。虽然当时女子学习医学让世人震惊,而且受到包括她父亲在内的人的反对,蒙台梭利还是成功地在医校找到了一个学习的机会。她于1896年医校毕业,这在意大利是史无前例的。她在罗马大学工作期间,对有学习困难的儿童教育产生了兴趣。1906年和1907年,她开始教育工人家庭的60名儿童,在圣·洛伦萨(San Lorenzo)(圣·洛伦萨是罗马城最糟糕的贫民区之一)建立了"儿童之家"。

在这个"儿童之家"中,蒙台梭利建立了一种能够使儿童自己开发活动的教育机构。她很快意识到,儿童能够在自己的环境中吸收信息;她感觉儿童都是在自己教自己。她开始教育年龄稍大的孩子,让他们每天运用能够促进感知发展的材料来完成日常任务。她发现儿童学习非常容易,活动的结构给儿童一种自我价值感,这种感觉是他们以前从来没有体验过的。蒙台梭利的工作产生了一个成果:她研究出了后来被证明是非常成功的教育方法和教育材料。

当时对待教育的普遍态度与今天完全不同。那时给所有儿童布置的任务都是一样的,儿童没有被看作有特殊需求的个体。他们的能力常常被低估,他们也不被理解。与此形成对比的是,蒙台梭利开始理解儿童,致力于了解儿童如何理解周围的世界。

她意识到儿童通过自己的感官可以学习很多东西,她设计的很多教具都考虑到了这一点。她设计的训练能够刺激运动教育(motor education)、感觉教育和语言发展。她鼓励儿童参加正常的日常活动,例如准备餐桌、餐后清理。与此同时,环境的利用得到大大加强,特别设计的材料重量很轻,便于儿童操作。

为了改善她所教的贫民区里儿童的生活,蒙台梭利还和他们的家长建立了联系,鼓励他们认识到他们的孩子是特别的。

蒙台梭利于1952年去世,享年82岁,但是她的工作传统得到了延续,今日遍布世界各地的蒙台梭利学校和主流课堂上都可以见到她的工作传统。在蒙台梭利学校,可以看到使用蒙台梭利教育哲学和教学方法的教育环境:在儿童、家长和教师共同组成的社区中,对一名儿童的教育是与众不同、量身定做的。

蒙台梭利阐明的基本理念确保了:

- 教师受到儿童的引导。
- 儿童按照自己的节奏发展。
- 使用想象性的教学材料。
- 教学材料能够控制错误,以便儿童发现自己的错误。

对当代实践的影响

今天,只要早期教育人员步入蒙台梭利学校,就会兴致盎然地看到儿童使用的不同教学材料,观察到成人在教育过程中的作用。这些学习材料的设计有助于儿童每一种感官的发展,而且它们都是由高质量的材料制成,如经常使用山毛榉树、桦树和枫树等新鲜的木材。蒙台梭利课堂的每一种东西都有特别的目的,教学材料的每一个部件都是为了让儿童看、摸和使用。

成人被看作儿童学习的促进者。蒙台梭利学校的教师都经过专门训练,会用特殊的方式使用这些教学材料,因而能够恰当地教育儿童。他们还必须学会识别儿童什么时候能够更深入学习。这一般牵涉三个学习阶段。

1. 成人向儿童引入材料,并教他们如何正确使用这些材料
2. 儿童对接收到的信息进行加工,通过学习和重复达到对概念的理解
3. 儿童轻松地展示知识,还能够教别人

蒙台梭利的教师通过一个反映蒙台梭利哲学思想的特别课程而受到理想的训练。教师训练有素,目标是帮助并指导(她们常常被称为"导演")儿童,激发儿童学习的激情,并指导这种激情。他们不应干涉儿童对自学和独立的希望。蒙台梭利学校要求教师对儿童保持平静,在教室走动不能匆忙,应仪态从容,并满足儿童的个别化需求。他们要表现出对儿童的尊重,认真倾听儿童的发言和观察结果。

蒙台梭利学校倾向于不使用课本;儿童一般从他(她)的环境中学习和相互学习,而不是向教师学习。受到专门训练的教师,就是要个别化地对待儿童,尤其是当儿童的独立性在发展的时候,或者和一个小组在一起的时候更应如此。教师应当指导儿童,进行仔细的

观察,并认真地记录。这些观察记录了每一个儿童的专心程度、对教具的反应方式、对材料的掌握情况、社会交往能力的发展和身体健康情况等。通过这些详尽的观察记录,有经验的教师就能推断出儿童处于什么阶段,什么时候需要前进。

儿童作为个体从做中学,也从他们周围丰富多彩的环境中学习。他们可以在教室里自由走动,也可以不受时间限制地摆弄一件材料。很多蒙台梭利学校给儿童每人提供一个托盘或者一块地毯,这样他们就可以不受干扰地致力于自己的活动。儿童可以自己领取材料,活动结束之后再归还原处。儿童还可以相互观摩同伴做的事情,但是教师要求他们不要去打搅或者干扰别人。

很多蒙台梭利学校的环境是按照主题区设计的。在 3—6 岁范围内,主题区经常包括:

- 现实生活区
- 感觉区
- 语言区
- 数学区
- 文化区

主题区也会涉及课程的其他区域,例如植物学和地理、历史和年代记。这样,蒙台梭利学校的儿童就能和其他 3—6 岁的儿童一样,按照国家课程——《0—3 岁教养方案》、《基础阶段课程指南》来学习。(如表 1-4 所示)

表 1-4　蒙台梭利学校的主题区如何促进儿童发展

	受到促进的发展方面	所用材料实例
现实生活区 反思自身、他人和环境	◆ 协调 ◆ 独立 ◆ 精细动作控制 ◆ 集中注意力 ◆ 秩序感 ◆ 自我照料的能力 现实的任务需要儿童的双手和头脑协调一致,因而极大地提高了儿童注意力的发展,这是现实生活活动的另一个目的。这项技能为儿童今后的智力发展做准备	◆ 允许儿童练习穿衣技能的装扮区,例如学习如何打蝴蝶结、系鞋带、拉拉链、使用钩和孔以及安全的别针等 ◆ 现实生活活动,例如灌水、把液体从一个容器倒入另一个容器、在小桌子上布置进餐的刀具、饭后清洗等 ◆ 使用缩小的设备,例如刷子和扫帚、待洗的餐具、清洗工具箱,甚至小的安全熨斗和熨烫架等

续表

	受到促进的发展方面	所用材料实例
感觉区 给儿童机会，让儿童运用他们的感官体验周围的世界	◆ 秩序感 ◆ 对五官的区分和改进 仔细教儿童通过积极操作来运用材料，并逐步引导他们，这样他们就有能力去阅读和书写	◆ 粗糙的木板和光滑的木板 ◆ 声音盒,包括封闭的木头圆筒（摇晃时能发出清晰的声音） ◆ 几何图形橱,包括几何嵌板和框架,涉及圆形、长方形、三角形等形状 ◆ 特别设计的材料套件,帮助儿童发展感觉,例如积木塔、通过触摸来分类的织物以及积木拼图;立体的几何积木都经过特别制作,便于小手进行操作,上面还有小突起便于手指抓握,这就为未来的书写锻炼了手上的肌肉
语言区 认识到语言在整体发展中是至关重要的	◆ 字母发音 ◆ 阅读 ◆ 书写 ◆ 语法 ◆ 词汇 在蒙台梭利学校,书写先于阅读,因为儿童按照发音使用纸板字母而接触自己的第一批单词。阅读课程计划分三个阶段:粉红色阶段、蓝色阶段和绿色阶段。所有阅读材料的颜色编码与阅读计划一一对应	◆ 小写砂纸字母板 ◆ 阅读计划与材料,例如一个粉红色的盒子里面装着一只小狗。儿童说出"dog"（狗）这个单词,并把字母和单词的发音相匹配 ◆ 木质字母托盘 ◆ 为了协助儿童手握铅笔而设计的装饰物——给各种精细的图案上色,让儿童通过触觉、视觉和听觉来感知砂纸字母 ◆ 教室里总是有各种各样的图片和图书
数学区 通过运用具体材料的活动,掌握数学概念	◆ 数概念 ◆ 运算 ◆ 时间和金钱 ◆ 测量和分数 儿童先获得尺寸和数量的实际印象,再学习数字,方法是操作数字棒、计算珠子、按照奇数和偶数的模式排列的彩色计数器。砂纸数字和儿童手指相像,这样儿童通过触摸、视觉和听觉就自然而然地吸收了数概念	◆ 数字棒 ◆ 砂纸数字 ◆ 木质数字卡片 ◆ 木质1—100连续数板 ◆ 金色珠子

续表

	受到促进的发展方面	所用材料实例
文化区 教给儿童有关周围环境之外的世界知识,承认儿童充满好奇,渴望探索	发展儿童的生物学、地理学以及简单的科学、历史意识和有关知识	◆ 提供地球仪,然后使用拼板玩具来研究地图。儿童可以追踪图形、给图形上色,并把它们拼合起来 ◆ 家庭和日常生活的图片卡以及其他文化的仿制品,例如日本的团扇、中国的筷子或印度的莎丽服 ◆ 儿童庆祝各种文化的节日,品尝食物,学习歌曲,并和特定文化的来访者交谈 ◆ 科学材料可能包括磁铁、电灯、简单的电路板,大多数教室都包括一个自然桌或宠物角

在蒙台梭利学校,一天的模式和主流早期教育机构很相似,都是逐个欢迎儿童参加集中活动,在活动中儿童有机会自由地和环境互动,探索可及的材料。但是,这个活动的组织形式是"工作循环",允许儿童致力于自选的活动,这反映了综合研究的交互学习法。一个班级经常由不同年龄的儿童组成,这就使他们可以在成人的密切监控下相互学习。儿童参与学习的过程非常投入,所以参加活动的儿童常常很多。

蒙台梭利学校(3—6岁)的主要特点

◆ 提供高度结构化的材料,有具体的使用方法。
◆ 提供由天然材料制成的物品。
◆ 四个关键学习领域——现实生活、感觉、语言和数学。
◆ 成人以儿童为主导并对儿童加以指导。
◆ 成人通过观察对儿童的活动进行严密监控。
◆ 儿童在学习中非常投入。
◆ 鼓励儿童相互学习。
◆ 环境作为学习的工具,对儿童很重要。

请尝试

你也许有机会访问一个蒙台梭利学校,并和受过训练的教师进行交谈。

观察该学校的一次集中活动,然后和蒙台梭利的教师讨论你看到的活动后的哲学。考虑以下要点:

- 你观察到他们使用了什么材料?儿童的哪一方面得到了发展?
- 你观察到教师的角色是什么?
- 蒙台梭利教师的角色和你的经验有什么不同?
- 儿童在活动中的反应如何?他们投入吗?他们相互帮助吗?你认为他们掌控材料的能力如何?
- 你所在的教育机构与蒙台梭利学校有相似之处吗?
- 从这次活动来看,你教的儿童应当通过感官学习什么?
- 你给儿童提供什么材料来学习数学概念?

在蒙台梭利学校受教育的很多儿童后来都上了主流学校。蒙台梭利学校的目标是,儿童将来能够把自己独立学习、积极投入活动以及好奇心等技能迁移到未来的学习中。

对蒙台梭利教育方法的批评之一是,在课程中看不出富有创意的想象和对想象力的运用。传统上,蒙台梭利学校中,没有角色扮演的区域;而角色扮演在主流教育机构中却极为常见,例如家庭角。其实,蒙台梭利把想象力和创造力看作儿童发展和儿童经验的重要方面,她把艺术、舞蹈、音乐、戏剧整合在课程中,想象力被认为在儿童与自然界的互动中起了重要的作用。

蒙台梭利思想还将在第 6 章(第 153 页)进行讨论。

鲁道夫·斯坦纳

鲁道夫·斯坦纳(Rudolf Steiner)出生于克拉列维察,也就是现在的克罗地亚境内。他的童年和青少年时期在维也纳的近郊度过,18 岁开始在维也纳理工大学学习数学、物理、化学、自然历史。其杰出的、备受推崇的学术生涯随着他 21 岁时编辑歌德(歌德是 19 世纪德国文化的中心人物)的自然科学著作而开始。

斯坦纳终生都是一位伟大的思想家和哲学家,却像科学家一样对自然世界和人类世界充满兴趣。他在教育、医学、社会发展和艺术的广大领域激发人们的创新行为。他的思想激励人们开创了一种被称为"人智学"(anthroposophy)的运动。人智学包含了精神科学、韵律运动和天性。其中,韵律运动可以被描述为一种美妙和谐的运动。人智学运动今日在瑞士总部和美国分支机构还处于很显要的地位。

斯坦纳希望通过教育使儿童发展清晰的思维、敏锐的情感和坚强的意志。过去曾强调,通过艺术、社会技能和精神价值观,使儿童发展的各个自然阶段在创造性和学业优秀方面取得平衡。而斯坦纳把教育看作是一种创造性的、个别化的艺术,把儿童作为"完整的孩子"进行教育,从而把儿童导入精神自觉。

第二次世界大战末,欧洲处于一片混乱状态,此时斯坦纳受命在斯图加特创建一所瓦尔多夫·阿斯陀利亚卷烟厂工人学校。卷烟厂的主任埃米尔·莫尔特希望以斯坦纳思想为基础,建立一所融合创新方法的工人学校,富裕家庭的儿童也可以在此接受教育。在开办学校之初,斯坦纳坚持学校应当对全体儿童开放,学校由教师管理,不受州政府的干扰。

对当代实践的影响

在斯图加特创新出来的方法,今天已经成为世界范围内斯坦纳瓦尔多夫学校(Steiner Waldorf schools)的基础。在世界范围内的60多个国家,已经建立了900多所学校和1 800多所幼儿园。有些幼儿园附属于斯坦纳瓦尔多夫学校,有些是独立的幼儿园。课程的依据是斯坦纳的观点,即"完整的孩子"的教育需要反映教育在发展儿童道德、精神、身体和学业的重要性,其依据是三个综合发展水平。

- 头脑或智力——教会儿童自己思考。
- 内心——逐步培养一定的情感和思想。
- 双手——涵盖艺术和技艺。

斯坦纳学校致力于在学生、教师、员工、家长和校友之间创造一种很强的社区感。

斯坦纳创立了一种儿童发展模型,这种模型在今日的学校中仍然在使用。模型的依据是三个阶段。

- 幼儿园:早期教育阶段到7岁。
- 中级学校(middle school):7—14岁。
- 高级学校(upper school):14—19岁。

这三个阶段的内容如表1-5所示。

表1-5 斯坦纳教育模型

阶　段	有关阶段的描述
幼儿园——从出生到大约7岁	儿童通过模仿和榜样学习,因此周围需要有爱心的成人以及世界上美好的事物的影响。强调反映传统家庭任务的活动,例如做饭、做家庭杂务。并不教儿童学业课程,例如阅读和书写,但是他们却要学习故事、儿歌、运动和音乐,特别强调个人想象力的运用
中级学校——7—14岁	儿童在前一个阶段的身体发育完成之后,就被视为对这个阶段做好了准备,例证之一是儿童开始换牙 在这个阶段,通过精神的、身体的和技艺的活动,艺术融入了学业活动。这个阶段应设计得具有挑战性、组织良好而且富有创意。在很多学校,教师要尽可能地整个阶段陪伴一个班级
高级学校——14—19岁	教师指导儿童独立思考,自己发现对世界问题的理解并进行判断 这个阶段,儿童接受一些专业教师的指导而不是一名教师的指导

今日走入斯坦纳幼儿园的总体印象是平静,儿童全部投入有目的的活动中。游戏设备放置的地方便于儿童接触,这些设备主要是天然材料,质地柔软,颜色温暖。典型的设备可能包括木桌、木板、凳子,简单色彩的布料,装满诸如贝壳、原木、鹅卵石、便于拥抱和穿着打扮的柔软的洋娃娃等天然材料的篮子。理想上还包括供儿童开展想象游戏,用柔软悬垂材料制作"窝"和房屋的大片空间。教师也可以鼓励儿童完成一些力所能及的任务,例如烘面包、煲汤、编织或打扫卫生。教师要鼓励儿童在一个上午的玩耍之后参与到整理活动中,边整理边唱"整理"歌("tidying-up" song),并把材料归位。幼儿园内儿童的年龄段往往决定了年龄稍大的孩子教年龄稍小的孩子,前者还对后者进行鼓励。

教师还会通过手指儿歌(finger rhyme)、传统故事和诗歌来引导一部分活动,这个活动环节被称为"圆圈时间"(ring time)。集中活动的这一特别环节经常和一年四季的转换有关。儿童也参与制作为他们提供的点心。这些点心本质上是有机食品,原料主要是粮食,例如苹果碎片、汤、蔬菜和面包。

和蒙台梭利教育方法一样,成人在游戏中具有特别的作用。例如在儿童到达幼儿园时,成人已经投入到基于儿童活动的工作之中。这些活动适合儿童参加,与一周活动属于同一个节奏(rhythm),如按照一周常规进行的烹饪、烘焙、清洗等,这样儿童就会知道该期待什么。这正符合一种普遍的观点,即儿童需要安全感,需要知道该期待什么。在这个集中活动中,辅以静默时间,从而激励儿童的敬畏感。斯坦纳相信,一天中有重复的必要,以便建立关联性,帮助儿童发展记忆力。如故事多次重复,每天、每周、每年的大事也都在重复的安排之内。

儿童会创造自己玩的游戏,那时成人的角色就是在一边,用歌曲提醒儿童在室内环境中小声说话。教师在参与活动的同时也要注意观察儿童,当儿童参与社会性游戏遇到困难时,邀请儿童参加自己的游戏。

教师还要提供户外游戏的机会。在很多幼儿园里,无论天气如何,每天都要提供户外游戏。理想上,在户外活动的时候最好有现场的园艺和木工活,教师继续忙自己需要完成的任务,比如和季节时令相符的扫树叶。和室内教育环境一样,儿童会参与到这些任务中,年龄大些的孩子会帮助年龄小些的孩子。

讲故事的时段被看作一种安静的活动。成人已经烂熟于心的传统故事,被设计用来激发儿童的想象力,让他们在头脑中创造图景。可以创造一种梦境的氛围,如使用蜡烛,用几天的时间讲故事等。

斯坦纳幼儿园的主要特点
◆ 针对儿童的安静方法。
◆ 一周活动包含儿歌、重复、敬畏。
◆ 强调游戏和家务。
◆ 儿童年龄跨度大,强调年龄大些的孩子帮助年龄小些的孩子。
◆ 使用天然材料。
◆ 认可户外活动的重要性。
◆ 提供有机食物。
◆ 特别强调儿童想象力的运用。

在斯坦纳幼儿园工作的教师,要和家长紧密合作,共享经验和对儿童的观察记录,向家长解释斯坦纳方法的精神和信念。有些家庭的儿童到斯坦纳幼儿园上学,首先是从参加家长—儿童小组开始,这是他们真正理解早期教育方法的一个机会。

请尝试

你可能有机会参观斯坦纳幼儿园,并有机会参加一次集中活动。在观察这次集中活动的节奏时,尝试去理解你观察到的活动背后的理念。仔细观察儿童的投入程度和教师的作用。

在集中活动结束后,找机会和斯坦纳幼儿园的教师交谈,互相交换意见,并思考以下几个问题:
◆ 斯坦纳幼儿园的精神实质是什么?
◆ 你观察到斯坦纳幼儿园的什么方法和你所在的教育机构差异很大?
◆ 你能带什么回去运用于自己的实践?
◆ 斯坦纳方法和蒙台梭利方法有什么不同?
◆ 你所教育的儿童有什么样的机会进行想象游戏?你能提供什么以刺激想象游戏?

在蒙台梭利方法和斯坦纳方法之间,你可能注意到了诸多差异,其中之一就是提供的材料不同,材料的使用方法不同。成人的作用从根本上讲也不一样,斯坦纳学校的教师投入到自己的任务中,鼓励儿童加入这个成人活动,或者帮忙做点什么。蒙台梭利的教师有自己的特别任务,即以一种高度结构化的方式教儿童开始,然后才开始自己实践。虽然创造性和想象力被认为是重要的学习工具,但两者对想象游戏的强调也略有不同。

斯坦纳方法主张儿童在上学期间用这种方法学习,可以从幼儿园一直到高级学校。幼儿园为中级学校打下基础,中级学校为高级学校打下基础。这三个层次的教育经常在同一个地方举办,从而帮助学生形成社区感。一些儿童在幼儿园阶段就离开了斯坦纳学校,到主流学校学习;在主流学校里,儿童可以将他们在幼儿园内学到的如何运用想象力、有社交自信心和学习激情等方法运用起来。但在6岁时开始接受主流教育的儿童,需要经过正式的读写技能训练,因为这些此前在幼儿园没有接触过。

请思考

请反思下列问题并和同事讨论。

斯坦纳认为,如果儿童被迫过早投入正式教育,面临学业成功的压力,就会缺少自主学习的动力。他强调让儿童游戏和运用想象力,对其个性发展和社会交往发展是非常重要的。他认为这有助于儿童集中注意力,学会创造和适应。

- 你认为儿童需要发展想象力吗?
- 在你看来,让儿童早期投入正式教育是否有风险?如果有,是什么?
- 推迟学习是否可能?请反思你自己的经验。
- 如何保证儿童离开幼儿园以后仍然渴望学习?

早期教育中的瑞吉欧·埃米莉亚方法

瑞吉欧·埃米莉亚是意大利北部的一座小城市,它因为自己的早期教育方法而闻名于世。这个城市美名远播,全世界的人都来到这里,观摩这里的教育活动。有一个名为"儿童的100种语言"的展览走遍全世界,向人们展示在教师的帮助下儿童所完成的惊人成绩。

瑞吉欧·埃米莉亚方法(Reggio Emilia approach)法肇始的故事很简单。第二次世界大战让一片废墟中的意大利陷入贫困。瑞吉欧·埃米莉亚人把留在城里的一件军事装备卖掉,筹集了一小笔款项。他们经过讨论后决定,这笔钱要投入到教育中,为儿童成长创造一个更好的社会环境。他们占用了一座废弃的建筑,把这座建筑变成了幼儿园,后来城里人建造的其他幼儿园也效仿这一案例。小城人民的努力和意志得到了一位年轻有为的教师的指导,他的名字叫洛里斯·马拉古齐(Loris Malaguzzi),他倾注了一生的心血,致力于发展瑞吉欧背后的哲学。洛里斯·马拉古齐受到维果斯基、皮亚杰、布鲁纳观点(参见第36—58页)的影响,所以他认为,通过与教师之间的特别的互动关系,儿童在自己的学习中是积极的参与者。他深信社区和利用表现艺术这一学习载体的重要性。

目前在瑞吉欧·埃米莉亚,有13个0—3岁的婴幼儿中心,21个3—6岁的学前机构。人们认为儿童学习的环境非常重要,称之为第三教育者,排在父母和教师之后。这些教育机构反映了儿童的发展需要。它们都有一个露天广场,这个广场(piazza)是儿童团聚、游戏、聊天的中心会场;它们都有一样典型教具,就是用镜子做成的、供儿童在里面爬行的四面体(见图1-4)。不管是成人还是儿童,如果有幸爬进这样一个四面体,都会惊异于这种体验——从每一个角度会看到无数的自己。这可以激发人们思维、谈话和联想的无尽可能性,因为你稍微改变一下位置,就从不同角度看到了自己和朋友。

图 1-4 瑞吉欧·埃米莉亚四面体

这一建筑反映了光和空间,数个空间相互联结,就像是空间之间的自然流动,儿童可以在里面自由活动。其背后的哲学思想就是鼓励儿童参与其中进行互动,还反映了儿童、教师、社区的不同给整个体验带来的差异。瑞吉欧环境设计非常灵活,随着年龄的变化而改变,所以家具都是多功能的,还有屏风对空间进行不同的隔断。对儿童开放的游戏器材,都装在透明的容器里,便于儿童找到。同时,广泛地使用镜子,使儿童能够理解自己和环境的关系。多感官活动刺激儿童关注颜色和质地。因为建筑里面的颜色是由儿童通过自己的艺术品和衣服带来的。

学前教育机构有一个艺术工作室(an atelier),儿童可以师从有经验、有资质的艺术教师(an atelierista),这名艺术教师也是员工之一。瑞吉欧方法中十分注重运用表现艺术(expressive arts),因为它认可了:

◆ 儿童很有表现力。他们有很强的能力来表达自己的情感和运用自己的想象力。
◆ 学习的过程比最终产品更重要。通过表现艺术,儿童可以不厌其烦地重复自己感兴趣的主题。
◆ 如果过于强调语言和读写技能的发展,儿童通过非语言的方式表达思想的能力就可能被低估。教师特别重视非语言交流的价值,例如绘画、音乐、雕塑、舞蹈、素描等。
◆ 儿童运用表现艺术,可以用多种方式观察世界、体验世界,例如观察或绘制表现气味和声音的图画等。

来源:改编自 Valentine(1999)

在幼儿园的一天日程中,儿童有机会绘制详细的图画或参与一系列活动,例如雕塑、皮影戏、木偶戏、油画、舞蹈、音乐、制陶、书写和建构等。儿童所达到的学习水平已得到全世界的公认,凡是参观过瑞吉欧·埃米莉亚"100种语言"展览的人,都会对孩子们显示出的创造力、活力和技能感到大为吃惊。

儿童的作业晚上并不带回家,而是成为讨论的材料并记录在案。一名早期教育顾问(the pedagogista)与学校合作,共同反思学习过程,然后把这些记录送往通用记录中心,展示在大型展板上,以便提高社区全体教师的能力,并给社区全体教师提供帮助。

洛里斯·马拉古齐谈到了儿童有100种甚至更多语言。他视儿童为有丰富潜力、强壮有力、渴望互动、对世界有贡献的个体。下面的一首诗说明儿童对瑞吉欧·埃米莉亚的教育工作者何其重要,因为儿童有无限潜能;但如果操作不当,就很容易使儿童丧失这些潜能。

不——其实有一百

孩子
是由一百种组成的。

孩子有
一百种语言,
一百只手,
一百种思想,
一百种思考、
游戏和说话的方式。

一百,
总是一百种
聆听、惊异、热爱的方式,
一百种歌唱与了解的快乐。
一百个世界,
需要发现;
一百个世界,
需要创造;
一百个世界,
需要梦想。
孩子有
一百种语言,
(还有百种千种万种)
但是被偷走了九十九种。

学校和文化
使头脑和身体分离。
他们告诉孩子：
思考就别动手，
做事情就别用头脑，
只要倾听不要言语，
理解的时候不要喜悦，
只有在复活节和圣诞节
才能热爱和惊喜。
他们告诉孩子：
去发现已经存在的世界，
而在这一百种之中，
他们偷走了九十九种。
他们告诉孩子：
工作和游戏、
现实和幻想、
科学和想象、
天空和大地、
理性和梦想，
从来不能并存。

因此，他们告诉孩子：
不存在一百。
孩子说：
"不，一百就在那里。"

洛里斯·马拉古齐（Gandini，1996）

请思考

◆ 阅读诗歌，想想诗歌阐述了儿童哪些方面的问题。
◆ 回顾自己童年时期的经历，你同意这首诗歌的观点吗？
◆ 在你和儿童一起完成的工作中，你如何评价儿童潜能的价值？

教师的角色

成人从事教师行业,都是从14岁开始接受训练,然后正式学习五年。在这个过程中,他们学习聆听儿童的言语,观察儿童、尊重儿童并向儿童学习。他们还学习以观察为基础进行研究。在正式训练结束以后,教师的专业发展每一天都在继续,也可以把他们本身看作学习者。教师都有不接触儿童的时间,用来讨论儿童的情况,记录自己的观察结果,计划自己将给儿童提供的教育活动。观察记录有助于教师理解儿童的兴趣所在,并设计适当的主题刺激儿童的发展。与此同时,对儿童的了解也可以在与家长和社区的互动中建立。

儿童要完成的项目就基于人们对儿童的这种理解,基于教师对儿童感兴趣的话题的了解。教师并不机械地按时间去做,而是按照儿童的节奏自然地徜徉。一些项目需要好几个月才完成,这要看儿童的兴趣和投入程度。儿童最初的兴趣过去以后,还会经常回到以前的话题或者作业上去,并被要求这么做,从而看看自己长大一些以后是如何完成这些作业的。这就刺激儿童去回顾并了解自己有多大进步。儿童还被鼓励自己开发项目、解决问题,教师仅仅作为一种支持他们的"工具",强调师幼、同伴之间建立相互爱戴和信任的关系。

教师的职责体现在以下几个方面。

- 把儿童作为个体来理解。
- 与儿童建立相互信任的关系。
- 在儿童的学习历程中多加支持和鼓励。
- 通过开放性问题挑战、激发儿童的思维。
- 尊重儿童自己的思想。
- 允许儿童犯错误并从错误中学习。
- 仔细观察儿童,判断介入的恰当时机。
- 与儿童一起度过三年时光。
- 运用各种手段,例如录音、录像、照片、笔记等,观察学习过程并详细记录。
- 与同事分享并讨论有关记录。

案例研究

走向生活圈的外围

孩子们给圣诞老人写信,希望得到一个大水箱来养鱼。水箱激发了长期话题的火花。孩子们甚至在水箱还没有安装好的时候,就向里面注水,提出了各种各样的设想,如在里面养鲸鱼、旗鱼、鲨鱼、海豹和鳄鱼等。实际上,他们在水箱里放进了青蛙、蝌蚪以及当地运河和自然河流能找到的小动物。

孩子们用线条画仔细地记录了所观察的动物,并决定为这些生命创造更大的生存空间。他们决定在父母的帮助下,建造一个水池。大家接受了这个挑战。在一个星期天,爸爸们在校园里挖了一个坑。这个水池经过几个月才建成。有了这个水池的帮助,孩子们观察了更令人激动的生物。在此后三年里,水箱和水池使他们的生活圈向外拓展。

来源:Gandini(1996),第 188 页

教师和家长、社区密切合作,共同教育儿童,家长—学校关系提供养分,是瑞吉欧方法的关键要素。这就促进了儿童生活的连续性,并保证社区是学校的有机组成部分。家长和社区选举校务会委员,积极投入幼儿园的维护,参与庆典和郊游活动,共同管理幼儿园。在儿童开始学校教育之前,教师会先与家长会面,以便对儿童有所了解。学校也会举办切合实际的培训班和讲座,让家长讨论关怀和教育儿童的问题,因此对成人的学习发挥了积极的作用。

对当前实践的影响

瑞吉欧·埃米莉亚方法凝聚整个社区的力量教育儿童,因此非常特别。今天的英国不可能完全复制这种模式,但是可以从这种方法中学习很多东西,以促进早期教育机构里的学习。因此,理解瑞吉欧方法的一些主要特色,反思我们提供的教育内容和方式是有益的。

瑞吉欧·埃米莉亚方法的主要特色

- ◆ 把环境看成教育者。
- ◆ 观察儿童并记录儿童进步的重要性。
- ◆ 与家长和更大范围的社区建立伙伴关系。
- ◆ 强调成人的角色。
- ◆ 注重专业发展。
- ◆ 鼓励并重视儿童自己发起活动。
- ◆ 教师有时间反思并和同事讨论教育实践以及和儿童有关的话题。
- ◆ 强调表现艺术的重要性。

 **请思考**

考虑上面列举的瑞吉欧·埃米莉亚方法针对学习过程的主要特色,并与同事讨论如何运用这些特色提高你的教育质量。

你可能已经关注到了表 1-6 列出的瑞吉欧·埃米莉亚方法。

表 1-6　瑞吉欧·埃米莉亚方法是如何提高教育质量的

瑞吉欧·埃米莉亚方法的主要特色	如何运用瑞吉欧方法提高教育质量
把环境看成教育者	环境建构的方式要有助于鼓励儿童积极地投入学习过程。材料要随手可取，给不同年龄的儿童提供一个相遇并交换思想的场所 提供各种刺激，促进儿童解决问题、在学习中富有创造性。给儿童提供空间，让他们自己创造环境
观察儿童并记录儿童进步的重要性	成人讨论观察儿童的方式，进一步增强对儿童及其兴趣的理解 记录过程的方式和展示过程的方式可以是想象性的，未必总是现场记录
与家长和更大范围的社区建立伙伴关系	想一想，在儿童教育中如何看待家长以及家长的积极投入？他们是否被当作儿童的第一个教育者而受到重视？ 社区在教育机构中的参与度如何？是否给社区提供了参加会议和讨论儿童发展与教育的机会？教育机构是否也能用于成人学习？
强调成人的角色	成人可以思考如何提升作为学习者的儿童的能力，以及如何在互信的基础上建立关系；可以考虑如何倾听幼儿的思想和观点
注重专业发展	专业发展可以包括在每日的实践中，也可以在成人讨论如何理解儿童的时段中
鼓励并重视儿童自己发起的活动	成人对儿童的游戏少加干预，让儿童有机会犯错误，并从错误中学习 鼓励儿童进行决策、计划活动，对激发自己兴趣的思想畅所欲言
教师有时间反思并和同事讨论教育实践以及和儿童有关的话题	可以给成人分配时间，让他们思考自己的教育实践和提供给儿童的经验
强调表现艺术的重要性	可以讨论创造的重要性，或是在所提供的教学材料、方法中包含表现艺术

瑞吉欧·埃米莉亚方法中，教育工作的一个重要方面就是发展反思实践。这种方法就是思考我们自己的实践，不满足于自己提供给儿童的经验。以下问题有助于你反思提供给儿童的活动和经验的目的。

 请思考

反思卡利娜·里纳尔迪（Carlina Rinaldi）在 1999 年的一个讲座上提出的以下关键问题：
- 我们对儿童有什么样的希望？
- 我们对儿童的期待是什么？
- 学校、家庭和社会之间是什么关系？

森林学校

森林学校(Forest school)的思想起源于19世纪50年代的瑞典。当时,一名退伍军人开始在树林和森林里通过歌曲、故事、真实体验教儿童关于环境的知识。森林学校的思想被丹麦人接受,很快就成为其早期教育计划的一个有机组成部分。

现在英国也有了这样的学校。第一所这样的学校是1995年首先出现在萨莫塞特的布里奇沃特学院,它把幼儿园和早期优质教育中心(Early Years Centre of Excellence)联系起来。学院的教师们走访了丹麦的森林学校,亲眼看见儿童运用户外环境并通过探索户外环境来学习。这样的学校给儿童带来的益处很多,所以学院的教师们决定在英国创建类似的学校。开始时学校规模很小,只是把儿童带到学院的运动场地,并教儿童如何尊重环境,进行团队协作。他们向儿童演示如何运用锯子、斧头等工具,当然这需要仔细计划,师幼比很高。到了第一年末,这个项目非常成功,于是得到拓展:他们雇用面包车,租借一片林地供儿童使用。3至4岁的儿童被有资质的教师和二年级学生带到森林里。儿童利用新的环境进行探索,通过实际活动积累森林知识。

森林学校的共识是,无论儿童年龄多大、能力如何,他们都能通过户外活动从所受教育中受益。他们鼓励年龄最小为3岁的儿童参加活动,活动按照儿童的个人需求进行规划。为了教会儿童实际的社会技能,户外活动的方式是经过深思熟虑、精心设计的。通常给儿童分配的任务很少,使儿童能够应付自如,这样他们的努力就会得到真正的回报,谁都不会失败。儿童的自信心、激情、更进一步的投入都得到鼓励,由此形成未来学习的基础。此前,有的儿童认为教师安排的活动或学校的环境很难应付或适应,因此表现出引起争论的行为,可是他们到了森林学校却取得了长足进步。

请思考

◆ 你是否记得自己孩提时代在树林或森林里奔跑玩耍的经历?感觉如何?

◆ 你是否曾把孩子们带到森林?他们的反应如何?他们喜欢吗?

◆ 你认为进行户外学习有哪些好处?

你也许记得自己在森林里充满激情和快乐地玩耍的经历,你也许回忆起了踩踏着树叶和欧洲蕨奔跑给你带来的自由感,以及爬上大树给你带来的力量感和成就感。你也许还记得自己的想象游戏——在岗楼里扮演海盗,或在诺丁汉的谢里夫郡扮演罗宾汉救少女玛丽安。高高的大树使人感到自己很渺小,玩捉迷藏时被发现常会引起恐慌感。

进行户外学习有如下益处。

- 儿童有机会从实践中发展自己的技能，尤其是身体技能。
- 现代儿童的肥胖程度更高，患心脏病的可能性更大。他们需要进行常规的、有活力的体育活动。
- 森林学校提供了安全的户外游戏，这对许多儿童而言是难能可贵的。
- 儿童对自己的成就感觉良好。
- 提高了自信心和安全感、团队协作技能和注意力集中水平。
- 儿童有机会到户外享受新鲜空气并使用工具。
- 儿童有机会自己进行选择和决策。
- 儿童甚至有机会体验在安全环境中独处的感受。
- 儿童对环境问题有更深的理解。
- 此前被认为有学习困难的儿童也会取得成功，并有兴致尝试更有挑战性的活动。
- 到森林里能带来快乐，增加幸福感。

在森林学校里，儿童享受探索并参加挑战性活动的自由，其中包括控制危险元素。这使儿童得到快乐的体验，享受到领导活动的机会。这有利于提高他们的自信心和自尊心。

对当代实践的影响

英国现有的几所森林学校和其他处于创始阶段的教育机构，都鼓励儿童和成人利用户外环境来学习。

案例研究

森林教育的发起

在赫特福德郡，赫特福德郡大地集团（Groundwork Hertfordshire）团队正和伦敦东北（London North East）、赫茨大集团（Herts cluster groups）联合开发神奇森林项目（the Magic Wood Project）。这是一个环境教育集团，该集团关注的主题是把森林作为学习资源。赫特福德郡将在五所学校为小学年龄的儿童建立工作室，这些工作室将研究森林资源的重要性以及林地的生态系统。教学活动将包括到海特田地庄园、海尔布莱克斯林地栽树、参观林地；参观埃普斯莱造纸厂，让儿童了解造纸过程；以及参观乡村管理服务中心，让儿童了解为什么要给树剪枝以及如何剪枝。

来源：www.foresteducation.org

人们普遍认为，如果要让儿童在森林学校的体验中获得最大好处，就要按常规上森林学校，最理想的状态是全年按周上学。这样，儿童就能随着季节和天气欣赏森林的变化，还可以参加与季节一致的活动,例如点燃篝火、剪枝以及观察野风信子和栎木银莲花。正常情况下,诸如点燃篝火和剪枝等很多活动都是被禁止的,但是儿童在上学的初期就学习了森林的安全规则。这些活动逐步展开,慢慢过渡到有一定风险。例如,儿童早已学会了如何靠近篝火,才有机会点燃篝火。

确保儿童的安全极为重要,所以师幼比很高,通常是1∶4,此外还有临时雇用的指导者。森林通常在田野的中间,四周有篱笆隔开,因此是安全的。森林学校的指导者受过专门训练,能够让儿童体验点燃篝火,搭建帐篷和桥梁,使用铅笔刀、锯子、绳索和地图,或者利用森林里的资源制作手工艺术品等。森林学校里开展的活动通常会得到讨论和分享,并与基础阶段课程相联系,以便让儿童达成早期学习目标。

下面概括了利用户外环境的其他重要影响,它们都有利于森林学校的工作。(如表1-7所示)

表1-7 利用户外环境的重要影响

弗里德里奇·福禄倍尔	认可户外环境在教育儿童的活动中的重要性,讨论利用园林帮助儿童学习
玛格丽特·麦克米兰	提及儿童身体健康对其健全发展的重要性,在德特福德郡创建幼儿园,让儿童利用大面积园林游戏和锻炼。她还在肯特郡建立了一个大面积、住宅式的露营地,让伦敦儿童到乡间体验生活
苏珊·伊萨克	鼓励儿童利用户外环境进行探索活动,并了解户外环境
切尔西室外幼儿园	由一名美国人在1929年建立,鼓励切尔西富裕家庭的儿童直面身体挑战,敢于冒险
木雕民俗艺术	该组织为了让儿童更深刻地理解环境问题,关注可持续发展,积极促进儿童参加活动。该组织在1925年建立于英国的新森林(New Forest),其理论基础是一位北美自然主义者和作家厄尼斯特·汤普逊·塞顿(Ernest Thompson Seton),他允许当地儿童到自己的花园里游戏,并向他们传授美洲印第安人的歌谣和手工艺术。学习小组每周聚会,项目包括每个周末都离开城市、去野营和去访问其他国外团队。儿童学习对自然的尊重和感恩,学习相互合作
《基础阶段课程指南》	这一指南提到教师需要给儿童提供机会,让他们经常参加户内外体育活动,使他们有机会在户内外之间随时转换。只要保证安全,儿童可以运用诸如倒掉的大树、落叶等自然材料,因为这些廉价的资源可以调动各个感官来学习。(《基础阶段课程指南》,第101、102页)

福禄倍尔、麦克米兰、伊萨克在第6章的第147页、154页、152页也有讨论。

请思考

想一想,你所在的教育机构能提供什么样的户外活动?
◆ 儿童有什么学习机会?
◆ 你是否有效地利用了环境?
◆ 你能否把森林学校的思想运用到自己的教育机构中,例如在安全的情况下给儿童提供挑战的机会?
◆ 你是否鼓励儿童探索他们的环境,并更加了解四季变化?
◆ 你能否与当地林业地区取得联系,让儿童定期参观?

小 结

本章阐明了早期教育机构中运用的课程框架,具体包括《基础阶段课程指南》和《0—3岁教养方案》,以便建构儿童的学习内容和方法。我们发现,这两个框架都明确阐述了促进儿童发展的恰当活动和经验的要求,对早期教育人员提出了明确的指导意见。本章讨论了两个框架的基本原则,分析了这些原则对专业实践的影响。我们鼓励你参照这些原则反思自己的实践活动。我们还探讨了其他有影响的学习框架,依据是玛丽亚·蒙台梭利和鲁道夫·斯坦纳的思想和哲学,并分析了今天如何解释并运用这些框架。

本章还讨论了瑞吉欧·埃米莉亚方法和森林学校教育实践令人激动的发展成果,并鼓励你思考这些成果中能够调整并在自己的教育机构中付诸实践的要素。

总之,本章致力于帮助你思考促进高质量实践、为儿童提供教育生涯中最好开端的框架要素。

检查你的理解

1. 你认为《基础阶段课程指南》的主要特点是什么?
2. 你如何描述瓦尔多夫—斯坦纳学校的哲学思想?
3. 蒙台梭利学校的方法和主流教育机构之间有什么差别?
4. 森林学校的目标是什么?
5. 瑞吉欧·埃米莉亚方法对当前早期教育机构的工作有什么影响?

参考文献

Abbott, L. and Nutbrown, C. (eds)(2001) *Experiencing Reggio Emilia: Implications for Pre-School Provision*, Open University Press

DfES (2000) *Curriculum Guidance for the Foundation Stage*, QCA (QCA Orderline, PO Box 29, Norwich NR3 1GN, 08700 606015, ref. QCA/00/587; www.qca.org.uk/160.html)

DfES/Sure Start(2002) *Birth to Three Matters: A Framework to Support Children in Their Earliest Years*, DfEs (DfEs Publications Centre, PO Box 5050, Annesley, Nottingham NG15 0DJ, 0845 022260; or download from www.standards.dfes.gov.uk/primary/publications/foundation_stage/9400463)

Fidler, W. (2006) 8-page supplement, *EYE Magazine*, January; www.intered.uk.com

Gandini, L. (trans)(1996) *The Hundred Languages of Children*, exhibition catalogue, Reggio Children, Unipol Assicurazioni

Kingman, S. (2003) "Good practice: the magic of Reggio", *Practical Pre-School*, Issue 42, December

Kramer, R. (1976) *Maria Montessori*, G.P. Putman

Pound, L. (2005) *How Children Learn*, Step Forward Publishing

Rinaldi, C. (1999) "The Image of the Child", Reggio Children British Study Tour, April

Taplin, J. (2006) 8-page supplement, *EYE Magazine*, February

Valentine, M. (1999) *The Reggio Emilia Approach to Early Years Education*, Scottish Consultative Council on the Curriculum

有用的网址

www.webster.edu/~woolflm/montessori2.html – information on **Maria Montessori**

www.montessori-uk.org – official website giving information about **Maria Montessori**'s life and philosophy, links to other websites, information about training, publications and schools

www.steinerwaldorf.org.uk – information about the philosophy of **Rudolf Steiner**, publications available including videos, the nature of educational establishments and training available

www.steinerbooks.org/aboutrudolf.html – books by **Rudolf Steiner** to purchase

www.ltl.org.uk – information about Landscapes for Learning

www.foresteducation.org.uk – information about education through woodlands and forests across the UK www. bridgwater. ac. uk – Bridgwater College

www. woodcraft. org. uk – Woodcraft Folk

www. surestart. gov. uk – information about the Birth to Three Matters Framework

www. standards. dfes. gov. uk – to download the Birth to Three Matters Framework

第 2 章

儿童如何学习

导言

作为一名早期教育人员,你应当首先理解儿童如何学习,然后才能提供合适的活动和经验帮助他们进步。关于儿童在智力上如何发展有很多不同观点,你很快就会发现,理解理论并付诸实践并非总是易如反掌。不过,在确定每天如何教育儿童方面,许多理论家很有影响力,早期教育人员对这一切心中有数并有清醒的意识很必要,这样才能提供高质量的保育和教育。

在 21 世纪,关于儿童以及儿童如何发展和学习的知识是得天独厚的。这些知识无时无刻不在通过系统的专业研究而得到修改和更新。

本章将精选一些理论家和研究者的著作,并思考这些著作对实践的指导意义。这些理论家之所以入选,是因为他们对早期教育实践有持续不断的影响,对我们理解儿童如何学习同样有重要影响,对教育工作者和其他人员也有启迪作用。与此同时,我们也将探讨早期教育人员在促进学习方面的作用。

本章涵盖了:
- 理论家和研究者关于儿童如何学习的研究
- 早期教育人员在促进学习方面的作用

本章涉及的理论家和研究者有:
- 让·皮亚杰,第 36 页
- 蒂娜·布鲁斯,第 44 页
- 列夫·维果斯基,第 49 页
- 杰罗姆·布鲁纳,第 54 页

理论家与研究者论儿童学习

让·皮亚杰

让·皮亚杰(Jean Piaget)花了60多年时间进行研究,其研究方法是观察儿童身上自然发生的情况,其研究对象主要是他自己的孩子。皮亚杰的贡献是巨大的,使我们了解了儿童的发展,并奠定了今日在早期教育机构中开展很多工作的基础。

皮亚杰主要是生物学家和哲学家,他对儿童的思维方式和观察世界的方式很感兴趣。他的工作使他相信,儿童的发展是分阶段的,而且儿童的发展必须按照时间顺序经过这些阶段。他在提供适应儿童发展的实践活动方面极有影响力。

皮亚杰认为,儿童必须经过四个认知发展阶段才能成长为成人。

1. 感知运动阶段(sensori-motor):出生—2岁。
2. 前运算阶段(pre-operational):2—7岁。
3. 具体运算阶段(concrete-operations):7—11/12岁。
4. 形式运算阶段(formal operations):11/12—16岁。

每个阶段的关键特点列举在第38—39页的表格中。

皮亚杰设计了测验题目来检验儿童达到哪个思维级别。这些测验包括:

● 自我中心(decentring)测验:给儿童一个三维的大山和人物的模型,要求他(她)说出每个人物能够看到什么。如果儿童不能做到这一点,皮亚杰就认为儿童以自我为中心,因此他(她)不能看到别人的观点。

● 数量守恒(conservation of number)测验:筹码每行排列都一样。先询问儿童,以便他们能够认可各行的筹码数量一样。然后在儿童的面前变化其中一行筹码的位置。如果儿童理解了守恒现象,他(她)就会认识到筹码数目没有变化,尽管表面上行行之间发生了变化。如果儿童不理解守恒,就会认为更长的一行筹码更多。类似的测验被设计,用来检验儿童对容积和质量守恒的理解。

守恒测试的运用

数量守恒:

1. 把两行筹码放到儿童面前,每行十个筹码。
2. 询问儿童:"每一行筹码的数目一样多吗?"儿童可能会点一下数目。
3. 如果儿童认可每一行筹码的数目相同,就改变其中一行的外形,把筹码之间的距离拉大。这必须要当着儿童的面进行,并使各行之间看起来有明显的差异。
4. 再次询问儿童:"现在每一行筹码是否仍然一样多?"

5.如果儿童能理解虽然外表发生了变化,但各行筹码数目相同,他们就理解了外表发生变化,事物本质没变化这个原理。

质量守恒:

如同数量守恒的测试一样,这次使用两团体积一样大的橡皮泥。先确定儿童认可两块橡皮泥一样大,然后把其中一块捏成香肠的形状。儿童是否能够理解,虽然橡皮泥的外形变化了,但是总量保持不变?

容积守恒:

这个测验也和数量守恒的测验一样,但是这次使用的是透明的水容器。为了改变水的外观,把水倒入不同形状的容器中。儿童是否能够理解,虽然外观变化了,但水容量没有变化?

 请尝试

选择乐于回答问题且年龄段在4—7岁的一组儿童,在房间的安静地方,尝试对儿童个别进行守恒测试。

通过这种测试,你会看到儿童看待问题的方式也许和成人不同。这就意味着安排活动时要考虑儿童所达到的理解水平。

早期教育人员如何运用皮亚杰的学习理论

作为实践者,你应当了解儿童在你的教育机构中所面临的诸多活动和经验,以及一天的常规日程。也许你并不十分了解为什么要包含某些活动,以及开展这些活动的理论基础。如果仔细研究皮亚杰的著作,你就会发现他的理论在当今的早期教育实践中是多么具有影响。(如表2-1所示)

表 2-1　皮亚杰对当前早期教育实践的影响

发展阶段	主要特点	与早期教育实践的联系
感知运动阶段（0—2岁）	儿童的早期发展依赖他们运用感官的能力。周围世界的信息来源于他们体验的视觉、听觉、味觉、嗅觉和触觉。随着儿童开始活动，其运用感官获取信息的机会也增多。在刚出生的几周，婴儿主要是通过反射来学习，但是后来，婴儿就开始重复动作，并观察周围物体的动作，与之互动 在这个阶段，婴儿需要探索的机会。随着客体永久性（object permanence）观念的发展（即理解物体虽然不在视觉范围内，却仍然存在），儿童能够更好地操控物体，从而了解物体的特性和用途。为了适应给物体分类的需要，他们的词汇就会渐渐地发展起来	◆ 提供各种感官经验，例如百宝篮、音乐、运动的物体、不同质地的食物、戏水、不同气味的橡皮泥等 ◆ 提供运动的机会，以便提高大肌肉和精细动作技能，例如蹒跚学步儿童的体操课、户外活动、面团游戏等 ◆ 鼓励婴幼儿触摸富有刺激性的玩具和物体 ◆ 参观农场、动物园等，拓展儿童的经验 ◆ 玩游戏，例如躲猫猫，发展儿童的客体永久观念 ◆ 回应儿童的早期言语尝试
前运算阶段（2—7岁）	这个阶段的年龄跨度较大。一个2岁的儿童和7岁的儿童行为很不一样，但是皮亚杰认定这个阶段的儿童还不能进行运算思维。他将"运算思维"（operational thought）定义为能够有序地、有逻辑地进行思维的能力。这一阶段儿童的思维过程虽然在发展，但是还没有达到成人阶段。皮亚杰认为，要具备运算思维，儿童需要有组合图式的能力。所谓图式（schema），就是儿童在与环境互动过程中形成的想法或者心理图景。图式存在于生活的各个方面，例如"横穿马路"或者"捡起一本书"。运算思维使儿童组合图式的方式有意义，即给儿童提供想象性思维的方法，使他们在发生事情时考虑"可能会发生什么"。若要了解更多关于图式的内容，请参阅第39、40、44页 自我中心行为延续到这个阶段，儿童还不能关注其他人的观点。他们仍不会进行抽象概括，但是这个阶段，他们的表征能力确实在增强（例如书写、阅读和想象游戏）。随着这个阶段的发展，儿童表现出对规则的尊重	在思考与皮亚杰提出的阶段有关的活动时，重要的是记住前运算阶段延续很长时段（从2岁到7岁），因而这一阶段的活动有必要与该年龄段儿童的发展水平相适应： ◆ 提供有刺激性的活动和经验，鼓励儿童调适、改变自己现有的世界观 ◆ 提供与数量、质量和容积有关的活动，刺激儿童守恒概念的发展，例如用不同大小和相同大小的容器进行玩水游戏，玩橡皮泥游戏、计数游戏和数字游戏，进行烹饪和购物等 ◆ 提供象征游戏和装扮游戏，以提高儿童运用象征符号的能力 ◆ 提供写字的材料 ◆ 帮助儿童学会"站在别人的角度看问题" ◆ 帮助儿童理解分享的观点 ◆ 促成一个"活跃的"学习环境，鼓励儿童积极参与，并通过直接经验学习 ◆ 玩含有规则的游戏 ◆ 将儿童配对或分成小组，以鼓励儿童倾听或分享他人观点

续表

发展阶段	主要特点	与早期教育实践的联系
具体运算阶段（7—11/12岁）	儿童在思维发展上更加理性，更像成人。他们也许需要具体物体帮助逻辑思维，但是他们已经能够进行逻辑思维 这一阶段自我中心的特点在减退；儿童更少受到物体表象的影响，能够理解守恒定律（即质量守恒、数量守恒、长度守恒和面积守恒）	◆ 在具体材料的帮助下，增加运用逻辑思维的机会，例如学习数学概念的时候 ◆ 参加活动，解决问题 ◆ 更加复杂的读写活动和数学活动
形式运算阶段（11/12—16岁）	这个阶段，儿童的认知结构更加成人化。他们能够运用自己的思想思考问题，能够进行抽象思维和假设思维。在道德和哲学问题上，儿童能思考不同论点和观点，形成自己的看法	

 **请尝试**

请运用有关皮亚杰理论的知识，思考你正在教育的儿童的情况。你提供的活动和经验是否反映了皮亚杰的思想？

皮亚杰理论的精华，就是鼓励教育工作者提供富于刺激性的环境，激励儿童学习，使儿童对周围世界的理解和看法得到持续发展。让儿童体验周围世界，和周围世界互动，并鼓励儿童积极学习，这一点非常重要。儿童需要发展自己对概念的理解，并建立自己的认知结构，而不能仅仅记忆答案、重复别人的意思，因为这不能使其所学的知识从一个领域迁移到另一个领域。

皮亚杰在研究中得出结论，认为儿童的学习以发展为依归。很多早期教育机构都认真评价儿童认知发展的每个阶段，并以此规划儿童的课程。而要完成这项工作，就要观察儿童，从而理解儿童的知识结构；然后规划活动，使儿童在每个发展阶段都有进步，鼓励儿童思考自己以前所持有的观念并改变这些观念。

图　式

皮亚杰运用了专门术语来描述儿童所经历的发展进程，以便发展并改变儿童对周围世界的观念。他相信儿童在头脑中会对他们所体验的事情形成一个计划或者图式（schema）。这个图式是一个认知结构，促使儿童将自己的经验进行分类，起初是没有词汇的，后来借助物体的名称，儿童运用语言的能力不断进步。随着儿童经验的扩展，这个图式也在调整,以适应儿童变化中的环境观。

- 适应(adaptation)

图式的构成包含了一个同化(assimilation)的过程。在这一过程中,儿童吸收信息,并把这些信息和他们现有的图式相联系。有的时候,正在加工的信息与现存的图式并不匹配,儿童就必须调整他们的观念,来适应新的信息。这个过程被称为顺应(accommodation),顺应是一种不理解或失衡的反应。一旦图式改变和发展,新的平衡(equilibration)状态就会产生。同化和顺应相结合的过程就是适应。(见图 2-1)

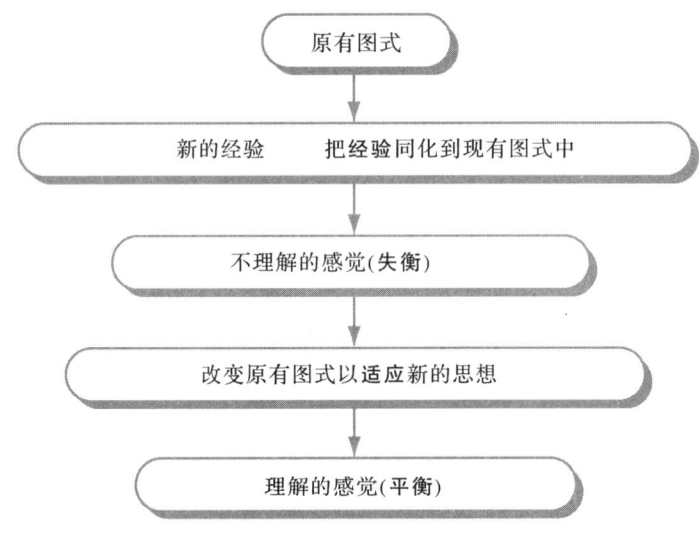

图 2-1 适应的过程

 **案例研究**

麦克斯玩沙

3 岁的麦克斯和另一个孩子在沙盘旁边。麦克斯正把沙子推向四周。另一个孩子挡了路,麦克斯就把他推开。在这一过程中,他们没有使用语言。另一个孩子离开了沙盘,麦克斯继续玩。

麦克斯在沙盘上玩沙子和一辆蓝色小汽车。他用手指挖开沙子,把整个小汽车掩埋起来。过了一会儿,他看到一列布里奥火车,火车比小汽车大。于是他就掩埋起火车来,可是他发现要用整个手掌堆沙才能把火车掩埋掉。

一个女孩来到沙盘的另一边,在麦克斯旁边玩耍。他们都没说话。麦克斯很专注地埋火车挖火车。女孩也离开了。麦克斯头都没抬一下,丝毫没有分神。

麦克斯开始用耙子铲沙子了,就像用铁锹一样掩埋了火车。

在上述案例研究中,麦克斯的头脑中有一幅现有的图式,就是用沙子掩埋小汽车。在遇到一个更大的玩具时,麦克斯就要调整原有图式。他开始意识到不能用相同的方法来掩埋火车,他必须使用一个工具才行。这个过程显示了麦克斯如何"同化"自己的任务,调整现有图式以适应新的信息。

请尝试

请观察一名活动中的儿童,这个活动牵涉到改变环境观念,例如把各种不同形状的物体放到形状分拣器中。观察儿童解决问题的方法,注意他(她)是否调整了使用分拣器的方法。

尽管指导儿童和允许他们自己探索、通过发现来学习之间必须有一个平衡,但为了儿童的学习和发展,你需要规划活动,创造一种不平衡的状态。皮亚杰认为成人应当扮演儿童向导的角色。

对皮亚杰研究的批评

以下是有关皮亚杰研究的批评。
- 皮亚杰的研究中儿童数量有限,因而他的观点太笼统。
- 皮亚杰所使用的语言,他的守恒测试和自我中心测试的本质,对儿童而言太遥远。后续研究使用了简化的语言和更加真实的情境,却产生了不同的结果。
- 从儿童的表现来看,比皮亚杰认为的更小的年龄和更早的发展阶段,儿童已经能理解关键概念,例如守恒定律。

在20世纪70年代,马丁·休斯(Martin Hughes)通过建立玩具模型——一个人和一名警察——而不是一系列的山,重新进行了皮亚杰曾做过的测试,目的是考察儿童是否以自我为中心。他把这个测试变成了一场捉迷藏的游戏,从而增加了与儿童的相关性和趣味性。休斯测试的三四岁的儿童,大多数都能把自己想象成警察或者普通人的角色。

麦克加里格尔(McGarrigle)和唐纳森(Donaldson)也改变了守恒测试,他们使用了调皮的泰迪熊手套玩偶,用这一玩偶来改变数量测试中的一行筹码。当儿童参加测试并把测试看成一场游戏的时候,绝大多数儿童都认识到筹码数目没有改变,虽然其外表发生了变化。

尽管有上述种种批评,皮亚杰仍然对我们观察儿童的方式作出了重大贡献。人们强调环境的重要性和儿童互动的质量,人们也认识到儿童发展需要通过不同的阶段,因此我们提供的课程必须反映这些个体差异。

皮亚杰对现代实践的影响

◆ 活动应当与儿童的年龄及其发展阶段相适应。
◆ 活动应当有助于儿童的思维发展。
◆ 应当给儿童提供具体实物来帮助他们思考。这些实物包括有助于儿童建构铁轨的积木和进行简单加法计算的计数棒。
◆ 提供直接的实践体验。这将有助于继续促进儿童的智力发展和建构认知结构。
◆ 应当把儿童作为个体加以理解。
◆ 应当观察儿童并作出适当回应。
◆ 课程要认真规划,以便反映儿童达到的发展阶段。
◆ 尊重儿童在学习中的积极性和在"做中学"的需求。

如何把皮亚杰的理论运用于教育实践

形成自己的实践并使之符合儿童的学习很重要。因此,有必要回顾你给儿童提供的活动和经验,并考虑如何改善这些活动和经验,以便促进并拓展儿童的个别化学习。

 **请思考**

关注皮亚杰对现代实践产生影响的关键领域,思考你能够为儿童提供什么活动和经验,以及如何拓展你所提供的活动和经验。你可以填写类似于下面的表格(见表2-2)。有些事例已经列举在表格中。

也许你已经开始思考自己提供的活动,并反思皮亚杰对你在教育教学中所做选择产生的影响。请认真思考表格中提供的活动,并与皮亚杰的观点相联系。表格中已经给出了一些例子,但是你要结合自己的实践思考为什么这么做。

表 2-2 将你的实践与皮亚杰的理论相联系

皮亚杰对现代实践的影响	你提供的体现皮亚杰理论观点的活动	可进一步拓展的活动和经验
设计与年龄和阶段相适应的活动	实例:使拼图游戏难度与儿童能力一致	实例:提供更难的拼图玩具来提高儿童的能力
设计有助于思维发展的活动	实例:接下来故事会发生什么	
提供有助于儿童思维的实物	实例:歌曲《面包店里的五个葡萄干面包》——附带儿童可以拿走的葡萄干面包玩具	
提供直接的实践体验	实例:学习使用剪刀	实例:通过剪切不同材料,达到提高任务难度的目的
把儿童作为个体理解		
观察儿童并作出适当回应		
认真建构反映儿童达到的发展阶段的课程	实例:阅读适合特定发展阶段的故事	
尊重儿童在学习中的积极性和在"做中学"的需求	实例:户外游戏	实例:到树林中进行探索活动

上述活动也许已经使你深思自己正在进行的工作以及如何发展、提高自己的工作。你可能已经考虑了给儿童安排活动的方式,还考虑了使活动更具有开放性,这样儿童就更能参与解决问题、独立思考和进行抽象思维。

你可能已经自问了如下问题。
- 我如何知道自己提供的活动和儿童年龄相适应?
- 我为什么会认为儿童喜欢积极学习?
- 对作为个体的儿童,我了解多少?
- 我是否给儿童提供了直接体验的机会?
- 我如何帮助儿童进行思考?
- 我是否提供了有助于儿童思考的合适材料?
- 我是如何观察的?
- 我是否运用了观察的结果,从而对儿童的需求作出适当的回应?
- 课程是如何建构的,是否能满足儿童的发展需求?

实践时,与同事或者朋友讨论想法和问题总是有益的。这有助于巩固你的理解,改善你的实践。早期教育人员经常在会议上正式讨论工作,也经常在工作日进行非正式讨论。如果儿童保育和教育需要继续发展而不是一成不变,这种交流和思考的形式就非常重要。

皮亚杰的理论在如下章节中还有探讨:
- 第 3 章"儿童的交流",第 63 页。
- 第 4 章"儿童的关系",第 94 页。

关于图式的研究发展

现代研究者,包括蒂娜·布鲁斯(Tina Bruce),一直在考察儿童的学习方式,并思考这些方式对实践的启示作用。这些研究者以皮亚杰的研究,尤其是皮亚杰关于图式的研究为基础开展工作。这些研究工作加深了我们的理解,所以我们现在认识到儿童在活动、语言和游戏中所展示的图式(或模式),能够促使他们学习、同化并顺应新的信息。

图式就是儿童能够概括,并在很多不同情形下运用的与行为相联系的模式。最好把图式看成由各个部分组合在一起形成的有机整体。

来源:Bruce(1996)

关于图式,早期教育人员还有很多需要学习,但是一个善于观察的早期教育人员通过观察儿童玩很多玩具和材料,就会注意到一种模式的生成,这种模式明显与不同活动相联系。儿童对某些活动表现出兴趣,他们就会在不同情境下一遍遍重复这些活动。常见图式(详见表2-3)包括以下几个方面。

- 轨迹与旋转(trajectory and rotation)。
- 封装(enveloping)。
- 连接(connecting)。
- 运输(transporting)。

表 2-3 常见图式

图 式	描 述
轨 迹 进入或者演示直线、弧线或曲线	对轨迹感兴趣的儿童积极参与跑步、攀爬、跳跃、投掷和接球。他们着迷于运动和方向,喜欢玩弄滑轮和参与球类比赛。他们对火箭、行星和宇宙、火车轨道和运动的火车感兴趣
旋 转 儿童对于旋转运动很感兴趣	旋转图式体现为儿童对旋转的物体着迷。儿童经常喜欢玩有轮子的玩具、铁环、球,骑着三轮车或者其他可以乘坐的玩具在操场上一圈一圈地旋转。他们也可能有兴趣一遍遍地开门、关门,把水龙头打开再关上。他们的绘画也可能表现螺旋线或者圆圈

续表

图 式	描 述
连 接 儿童在不同物体之间建立联系并喜欢建构	儿童喜欢运用建筑材料,也喜欢使用透明胶带、订书钉、管子和盒子建造模型。他们的兴趣可能在木工活、玩水、风筝和拖拉玩具
运 输 儿童把物体从一个地方运到另一个地方,例如用婴儿车拖洋娃娃,用小卡车运送树枝点燃篝火,在沙滩上捡拾贝壳装饰沙塔等	儿童喜欢在袋子、婴儿车、手推车中装满东西,然后运到其他地方。他们可能把自己的游戏表述成"度假"或者"去野餐"。他们也可能重新布置家具。运输经常和封装相联系
封 装 人们经常看到儿童把自己盖起来,在物体下面和里面探险	儿童喜欢把自己盖起来,在隧道里面和毯子下面爬行。他们喜欢钻帐篷、小屋和游戏室。他们也可能绘画,然后用黑色颜料涂黑,说是到了晚上。儿童经常喜欢写信,并将信折叠起来,放入信封

来源:www.wallhall.herts.sch.uk

还有其他图式,你可能希望亲自研究这些图式,以增进对儿童学习方式的理解。

早期教育人员如何运用图式知识

运用图式知识的一个极好例子就是下面提到的彭·格林中心(Pen Green Centre)的案例研究。其他信息来源在本章的"参考文献"部分有说明。

案例研究

为5岁以下儿童及其家庭服务的彭·格林中心

彭·格林中心致力于与家长协作,探究图式在儿童学习中的作用。

工作人员团结协作,并与家长或看护者合作,致力于理解儿童个体的图式。他们定期召开会议讨论儿童及儿童当前的活动,分享帮助儿童学习的经验。

他们非常清楚,帮助儿童并重视他们的兴趣,能够提升和促进儿童的自尊心和自律能力。他们认识到,如果儿童在受教育的环境中,成人通力协作,重视他们的贡献,儿童的学习就会有很大进展。

他们开展常规观察,工作人员和家长共同分享这些观察结果,然后规划课程,给儿童提供合适的、灵活的活动,使他们能够成长。课程的安排要覆盖所有学习领域,因为儿童学习的方式是综合的,而不是孤立的。课程提供材料,促进探索,鼓励儿童作出选择和决策,承认儿童自主的重要性。

在彭·格林中心,儿童天生就是学习者,成人所要了解的就是如何最优化地帮助儿童,这一点已经得到认可。成人的职责就是仔细观察儿童,认识儿童最关心的是什么,并发现他们的图式。成人通过观察获得所需信息,从而能够提供适宜的活动,巩固和拓展儿童学习的所有知识。这有助于成人增强儿童在重要领域自然而然地学会做一些事情的能力。

该中心工作的细节详见网址(www.pengreen.org)。

你如何把有关儿童的图式知识运用于自己的实践

为了理解儿童的图式,你需要以某种方式完善观察儿童的技能,增进对儿童的了解。你要掌握不同的观察方法,在不打扰儿童游戏的前提下完善记录儿童的活动和语言的技能,这需要大量的实践。观察儿童的能力使你能够了解儿童个体,还能对拓展儿童学习的方式进行反思。

 **请尝试**

你是否观察过儿童,并注意到他们总是用类似的方式玩耍?他们为什么会这么做?

请用一段时间观察一组儿童独立玩耍的情况。

◆ 他们是否对某种特别的活动感兴趣?
◆ 你能够看到一种模式的产生吗?
◆ 他们的行为是否和已确认的图式有联系?

也许你希望和同事、家长或看护者确认自己的观察结果,并讨论已观察到的正在产生的图式。

对儿童的图式提供帮助,对儿童、对你自己都是大有裨益的事情。儿童知道成人承认他们活动的重要性,并重视这些活动,他们的自尊心就会大大加强。因为成人对他们有兴趣,他们在情感上就会受益,并对某些具体活动着迷,这些活动可能延续到他们此后的人生中。询问成人在儿童时期的兴趣,并了解这些兴趣是否反映在他们目前的职业选择和个人兴趣中,是一件有趣的事情。

如果你了解了儿童感兴趣的图式,那么在规划激励儿童发展的活动中利用这些信息就非常有好处。儿童和成人一样,对他们着迷的活动更容易产生积极的回应。成人可以支持这种图式,方法是提供能够有效鼓励他们学习的合适的材料、活动和挑战;另一种方法是运用恰当的语言,如引入新的词汇,鼓励儿童对周围世界进行评论。成人一旦理解了图式和儿童的兴趣中心,其讨论对儿童而言就更加真实、可信。儿童知道成人什么时候是三心二意的,或者并非真正了解他们所谈论的内容。

 **请尝试**

利用你对儿童的观察结果,选择一名孩子作为研究对象。

◆ 思考你对他们的兴趣和他们游戏中明显的图式到底了解多少。这些知识能给你的计划提供什么样的信息?
◆ 你能提供什么样的活动和经验,来丰富知识、增进对儿童的理解?
◆ 想一想你能够引入的语言。

你会发现把自己的答案和表2-4提供的建议进行比较是有益的。

表 2-4　发展图式建议提供的活动和经验

图式	促进图式发展的活动和经验 我能够提供什么来帮助儿童学习？我能向他们引介什么词语？
轨迹	利用路面上的轿车和其他车辆,开往不同方向的遥控汽车(起初,儿童只会让汽车开往一个方向) 利用滑轮,上下运送沙子和水 利用火车和火车轨道来表现前后运动以及直线运动;通往车站和高架桥的旅程 词汇:上下,朝后,朝前,直线,东西南北,高架桥,信号,岔线
旋转	给儿童提供旋转的体验——通往"伦敦眼"(London Eye)的旅程或者市场上的环形路;提供使用简单的陶工旋盘或者色轮的机会;在教室里提供旋转式磨石盘和陀螺,在教室外提供圆环、环形路、环形赛道 允许儿童在安全的情况下用锁和钥匙、自来水龙头进行实验 词汇:旋转,环形路,圆圈,环形的,自转,螺旋线
连接	给儿童提供连接的机会——耐克斯(Knex)建筑玩具、乐高(Lego)拼装玩具,并用硬纸板、胶水、透明胶带、剪刀制作模型;给他们提供线绳进行捆扎,让他们晾晒洗干净的东西;提供制作风筝、放风筝以及使用拖拽玩具的机会 鼓励技术性技能,鼓励运用工具制作模型 词汇:连接,连接的,连接点,拖拽,推动,连起来
运输	提供运输的材料,例如沙子、水、石料,以及运送沙子与水的简单系统和复杂系统;提供水桶和容器、管道、漏斗以及运送材料的容器,例如手推车、手摇车、火车或自行车;提供有环绕下滑管道的建筑玩具;参观有水槽的水车或者游泳池;观察船舶通过水闸、汽车运输车如何装载汽车 词汇:移动,运输,滑动,装满,倾倒
封装	提供包裹物体的机会,例如包装圣诞礼物或者生日礼物,促进空间和尺寸概念的发展——我们需要多少纸张才能包装好这个礼物？提供各种有盖子的盒子以及有趣的化妆服装;给儿童提供用旧床单、大片材料制作棚屋、帐篷、建造房屋的机会;玩迪斯尼金式游戏(Kim's game),游戏中的物品都放在托盘上并盖起来,然后让儿童回忆托盘上到底有些什么物品 词汇:遮盖,封装,外包装,分层,包装

观察儿童的图式,是帮助你进一步理解儿童如何通过兴趣来学习的重要工具。为了实现这些知识潜能的最大化,你必须仔细考虑如何支持和促进儿童学习。布鲁斯清楚地了解图式通过如下方式对儿童的学习和发展发挥着重大作用。

◆ 儿童在一定的社会文化环境中发展。
◆ 在儿童的知识领域内提供帮助。
◆ 拓展儿童的理解力。

- ◆ 提升儿童的个性。
- ◆ 具有伴随儿童发展的调整、转变和改造的能力。
- ◆ 形成全球认定的儿童游戏和学习中的共同基础。
- ◆ 帮助成人进入儿童世界。
- ◆ 帮助早期教育人员以循序渐进的方式进行最优实践。
- ◆ 帮助早期教育人员联系并发现共同立场,并在实践中不被标准化和同化。
- ◆ 帮助早期教育人员与家长肯定儿童及其人生中的人性和文化差异。

来源:改编自 Bruce(1977),第 103 页

这样,我们就能明白儿童图式的早期例子如何演变成以后的概念。布鲁斯也突出了这些概念(见表 2-5)。

表 2-5　早期图式演变成的概念

早期图式	后来的概念
垂直轨迹	高　度
水平轨迹	长度,历史上的时间轴
侧面轨迹	角　度
围　住	地图,几何,规则形状,艺术,人物绘画
封　装	包围和覆盖,数学上的面积,生物学和园艺学上的温室,热气球和气体物理学,诸如雨水流下山坡等滑落的概念,伪装色以及艺术上的阴影等
容　器	容量和容积
运　输	有关数量和数字的理解

来源:改编自 Bruce(1977),第 79 页

布鲁斯的理论在下面各章也有探讨:
- 第 3 章中的"早期社会互动",第 75 页。
- 第 3 章中的"支持早期读写",第 82 页。
- 第 6 章中的"自由流游戏",第 154 页。

列夫·维果斯基

成人在儿童学习发展中的作用被皮亚杰的研究认可,又被其他研究者进一步发展。列夫·维果斯基(Lev Vygotsky)于 20 世纪初叶在俄罗斯工作,他提出了自己的观点:成人的存在就是要指导儿童学习,帮助儿童在理解的方面向前迈进。列夫·维果斯基看到了社会交往的重要性,他认为通过成人有意义的输入以及同伴的努力,儿童的智力能够不断发展。

这一研究对今日的儿童教育产生了巨大影响。早期教育人员有必要了解提供社会互动的机会,仔细考虑成人输入的质量以及其他重要因素。

维果斯基的研究鼓励现代实践者注重在儿童的活动和体验中加入挑战性,迫使儿童超出自己的能力进行思考。儿童能够在自己的现实发展区(zone of actual development),不超出自己的能力进行学习;但是在成人和技能更高的同伴的帮助下,他们能够扩展自己的思维,在最近发展区(zone of proximal development)进行学习。这个"最近发展区"可以定义为儿童能够独立完成的任务与儿童在得到帮助下能够完成的任务之间的差异。

请尝试

在这一点上,你会发现画一个图示来显示你对现实发展区和最近发展区的理解是有用的。

许多学校和早期教育机构都鼓励儿童以一种非正式的方式一起学习、一起玩耍,但是有些教育机构已经确立了较正式的计划,例如结对阅读和辅导,这都反映了维果斯基的学习理论。

案例研究

凯文和塔

凯文对用积木建塔已经有了几个星期的兴趣。他一直在使用积木并设计他力所能及的最高的塔。萨米和约翰也加入进来,这三个孩子整个上午都在幼儿园寻找所有的积木。但是他们的塔建到第12块积木高的时候便坍塌下来,这让他们感到很懊丧。

教师一直在观察他们,她断定这些孩子需要一个"帮手"。她找到了一些高大建筑的图片,和这些孩子讲解建筑的基础怎么会牢固;她还启发孩子们观察桥梁并讨论不同形状的积木为什么比其他积木更加牢固。这就引导了孩子们试验用不同形状的积木组合起来设计建筑物。

他们在谈话时间讨论并观察了幼儿园周围的建筑物,孩子们很快注意到建筑物需要"粘"起来,才能牢固。教师还安排他们参观了一处建筑工地,观看了工人垒墙。

这位教师通过仔细观察儿童并注意到他们的理解水平,就能够帮助儿童在"最近发展区"开展学习活动。

观察儿童参与装扮游戏以及想象游戏非常有趣,因为他们承担的角色都超出了他们自己的现实发展水平,例如扮演父母、汽车司机或售货员。在游戏中,他们使自己置身于

"最近发展区",游戏的水平超出了他们的真实能力。

正如皮亚杰一样,维果斯基也认为儿童需要建构认知结构的机会,以此来帮助他们理解和分析周围世界。他们运用语言的发展又有助于这些认知结构的形成。因此,给予儿童机会拓展自己对语言这种交际工具的理解和运用,以掌握更高的智力功能,是十分重要的。

英国教育与技能部(DfES,1997—2003)新近资助的一个"3—11岁有效学前和小学教育项目"(Effective Pre-School and Primary Education 3—11 Project),其关注焦点就是早期教育的有效性。他们发现,在解决智力问题的时候,儿童与成人间、儿童与儿童间的优质互动特别重要,他们的作用是1∶1。

"最近发展区"的内容还将在第4章的第97页加以讨论。

早期教育人员如何运用维果斯基的学习理论

维果斯基的理论在今日的学校和托幼机构已经得到了印证,人们认识到自己帮助儿童超出他们自己的能力("现实发展区")在更高的层次("最近发展区")上学习的重要性。早期教育人员认可维果斯基的观点:为了帮助儿童发展必要的能力,成为成功的学习者,成人在教育中的作用至关重要。促进儿童能力自然发展的最有效的方法,就是在他们的活动中提供挑战,从而刺激他们在"最近发展区"学习。

 **案例研究**

明眸睿智

加琳娜·多利亚(Galina Dolya)和大卫·希金斯(David Higgins)在赫特福德郡建立了学前教育集团,目的在于把维果斯基的理论和世界范围内儿童学习领域的研究成果付诸实践。"明眸睿智"(Shining Eyes and Busy Minds)教育机构的目标在于鼓励儿童从小开始学习,创造一种延续终生的激情。

大卫·希金斯正为英国受教育的儿童没有"激情"而烦恼,他远走俄罗斯,亲自到尤里卡大学了解如何激发儿童,并观察他们追求知识的激情。大卫在那里的所见所闻给他留下了深刻印象,促使他归国后和加琳娜共创学前教育机构。

他们的研究认为,从出生到5岁的大脑发育,对于儿童最终长大成人,成长为有信心、有激情的学生,具有关键的作用。以列昂尼德·文杰(Leonid Venger)(维果斯基的一个学生)的著作为基础,加琳娜开发了一门课程——"学习的关键"（Key to Learning）。这门课程确认了儿童进行思维和交际所需要的智力工具，并明确了发展这些工具的系统过程。这门课程的基本理念是，在儿童发展的早期阶段，只要学习结构合理，又有成人帮助，所有儿童都能在正式教育中成功。其目的在于创造一种环境，让"思维开阔，学习成为乐趣，创造力勃发"。

"明眸睿智"教育机构的气氛非常活跃，到处都是儿童发起的活动，所提供的材料和经验丰富多彩，鼓励儿童解决问题、从经验中学习。他们还细心地组织了小组讨论会，这些讨论会使成人有机会向儿童引入活动，这些活动又使儿童广泛地发展各种技能和学习风格。儿童学习热情高涨。目前，英国有150多所学校和幼儿园都在运用"学习的关键"教学计划。

"学习的关键"包括从故事语法（Story Grammar）到感觉数学（Sensory Maths）等12个模块。更多信息可以在网上查阅（www.keytolearning.com）或者通过电子邮件（keytolearning@fsmail.net）获得。还有一个教师电视节目，称为"为读写打下基础"。

教学计划的一些实例可以在网上查询，这些实例能让大家多少了解一些他们工作的本质和他们提供的经验。如下面展示的"蝴蝶小组"的一周活动（见表2-6）。

表2-6 "学习的关键"计划中的一周活动示例

		蝴 蝶
星期一	建 筑	装饰性大门的修建 1.通过分析一个计划（线性示意图），引导儿童分清一个建筑的主要元素 2.让儿童能够计划行动，提前决定建筑的顺序以及使用积木的顺序
	故事语法	《小红帽》 1.在复述故事的过程中丰富替代词语 2.用恰当的顺序组织替代词语，呈现故事中的关键点
星期二	制作模型	小树林中的儿童 1.教会儿童完成并改变熟悉的艺术创作形式 2.让儿童辨别并清除不需要的物体，创造新的物体形象
	探 索	冰、水、蒸气的王国 1.巩固水的三态转换知识 2.逐步理解冰、水、蒸气的特征和符号

续表

蝴　蝶		
星期三	逻　辑	聪明的问题 1. 教会儿童正确地说出某个隐藏的形状的四种属性 2. 运用逻辑符号作为提出问题的计划
	发展游戏	谁会变成什么 1. 理解变化与发展的概念 2. 认识到同一个问题有时可能会有几个不同答案
星期四	视觉—空间	火车旅行 1. 教会儿童按照箭头指示方向移动 2. 在地图上用符号（箭头）指示道路
	表现活动	悲伤—高兴 1. 介绍用不同的表情表现人物情绪的方法 2. 通过掌控想象性物体的活动来发展想象力
星期五	数　学	气球游戏 1. 运用气球来观察并理解倒转动作和连续动作 2. 在气球从小到大的充气过程中，展示气球的过渡性状态
	艺术书写 （artographics）	肥皂泡 1. 教儿童在纸上画各种各样大小的圆圈，并在空白处点上点，但是不能触及圆圈，也不能点进圆圈 2. 通过有指导的但是自由的绘画，引导幼儿模仿教师的动作而不仅仅是图案，从而发展书写能力

维果斯基的研究对当代实践的影响

维果斯基的研究对儿童学习有如下四个方面的影响：

◆ 通过与成人和同伴的互动，显示了儿童学习的重要性。

◆ 强调成人在帮助儿童完成他们无法独立完成的任务方面的重要性。

◆ 评价儿童的能力必须考虑"最近发展区"，承认儿童在有帮助和没有帮助的情况下完成的任务是有差异的。

◆ 承认语言在帮助儿童认识世界以及成人向儿童传播知识方面的重要性。

如何把维果斯基的理论运用于教育实践

想一想，在给儿童提供活动和经验的工作中，以及你为了满足儿童的需要、提高儿童的学习能力而采取的策略中自己的角色是什么。重要的是回顾自己的工作方式以及如何与儿童互动，从而帮助儿童在"最近发展区"内学习。

 **请思考**

- 你做了哪些对儿童有帮助的事情?
- 在你的帮助下,他们做到了无法独立完成的事情吗?
- 你和儿童互动的方式是否能提升他们的学习能力?
- 你给儿童提供挑战了吗?
- 你在什么时候曾经帮助过儿童在他们的"最近发展区"中学习?

你可以和同事讨论这些要点。

维果斯基的理论还在如下章节进行了讨论:

第 3 章中的"语言和思维的关系",第 68 页。

第 4 章"儿童的关系",第 98—99 页。

第 6 章"儿童的游戏",第 151 页。

杰罗姆·布鲁纳

杰罗姆·布鲁纳(Jerome Bruner)是目前最有影响、最著名的心理学家之一,是 20 世纪 60 年代以来教育界的关键教养人物之一。他的认知发展理论揭示了环境、社会、文化因素在儿童学习中的重要性。他把儿童看作积极的问题解决者,在富有激励性和直觉力的教师的帮助下,儿童都渴望并准备探索难题。在布鲁纳看来,人类的学习和发展能力是没有潜力限制的。可以在任何年龄教任何人任何东西,重要的因素是如何教。布鲁纳和维果斯基的著作有很强的联系,即两位理论家都强调,若要儿童学业成功,成人和儿童的同伴关系很重要。布鲁纳认为不仅有必要认为儿童在没有帮助时能完成什么,而且要知道儿童在有帮助的情况下能够完成什么。

 **案例研究**

丽扎学习走路

丽扎一直喜欢坐着玩玩具。她对学习走路不是特别感兴趣,到 13 个月时还从来没有爬行或者站立过。她乐于长时间坐在那儿,静静地研究一个大铁罐子里面装着的有趣的小玩意儿,或是在地毯上玩其他的玩具。她的父母有些担心是否是身体原因导致丽扎不想走路。

可是这并不意味着丽扎不会走路,她只是需要帮助和走路的动机。她的父母决心在下一次医疗诊所测评前教会她走路。在家人的殷切鼓励下,她很快学会站立,并能抓住任何人的手在家里或花园里散步。家人的方法是给她提供能够推动的玩具,例如给她喜爱的洋娃娃买了一辆童车;让她抓住家人的手;向她展示有趣的东西来激励她,从而刺激她走路的需求。

布鲁纳使用了"鹰架"(scaffolding)这个术语。"鹰架"指成人帮助儿童以某些方式发展,如果没有这些帮助,这类发展将无法实现。这就很恰当地使人想到成人在儿童周围搭建鹰架,帮助儿童学习技能。当儿童进展顺利,成人便逐步拆除鹰架,直到儿童能够独立完成事情。

布鲁纳把学习看作一个连续的过程,可以分为三个阶段:

1. 动作表征(enactive)——儿童需要操作具体的物体来帮助理解,例如通过触摸物体达到计数的目的。

2. 映像表征(iconic)——学习者能够通过图像或者头脑来表征概念,例如他们可以在心里进行加法运算。

3. 符号表征(symbolic)——学习者能够运用逻辑、更高层次的思维技能以及符号系统,例如科学公式。

学习过程所需的技能和知识是随着与周围环境互动、通过"发现学习"的过程而积累起来的。这样,儿童就有机会自己发现知识,自己通过尝试错误来学习。还要给儿童提供与教师或成人进行互动的机会,以便他们能够讨论自己发现的内容,巩固和进一步获取知识。

布鲁纳理论的另一个方面是螺旋式课程(spiral curriculum)概念。他认为,儿童为了学习,可能需要重复课程和学习领域。这并不是说每年都要在小学里学习古罗马史,但确实表明成人需要安排时机,帮助儿童巩固和加强对关键问题的理解。

请思考

回顾你最近学习过的新主题——也许是一门语言、一项运动或一种爱好。
- ◆ 你首先了解了什么?
- ◆ 你是否立刻理解一切?
- ◆ 你是否需要复习刚开始学的东西?
- ◆ 是否有些问题比其他问题更容易?
- ◆ 你是否发现第二次、第三次或第四次遇到相同的问题,就更容易理解?

你所面临的问题是识别儿童什么时候需要复习课程,什么时候会对一门课程感到枯燥而需要去学习新的内容。因此,重要的是应当确保儿童持续地从经验中学习。

早期教育人员如何运用布鲁纳的学习理论

案例研究

约瑟的博物馆

7岁的约瑟对小鹅卵石、石头、水晶和化石非常着迷,而且收集了很多样本保存在一个盒子里。可是他对此并不满足——他希望其他人能够看到他的收藏品并羡慕这些收藏品。在一个成人的帮助下,他决定建一座博物馆。

在几个星期的时间里,约瑟和那个成人用盒子和卫生纸卷筒制作了展示柜,写上了符号、警示和标签。博物馆终于大功告成,确定了开馆时间并接受参观指导。约瑟非常激动,尤其在他的第一批参观者来访的时候。

图 2-2 约瑟和他的博物馆

从上述"案例研究"可见成人角色在鹰架学习中的重要性。"约瑟的博物馆"在成人的帮助下才能够取得进步。与他人协作的经历使约瑟的学习经历变得有趣,并使这项活动达到更深的层次。学校或学前教育机构中的成人时时刻刻都在为儿童的学习提供这种鹰架。有时,要做好鹰架,就需要了解儿童的兴趣,用材料、专业学识和活动对儿童作出适当的回应。有时,需要讨论和提问。这就要求成人仔细规划课程,给儿童提供自己发现知识的机会。

如何在教育工作中运用布鲁纳的理论

下面的"案例研究"有助于你深入了解为儿童学习提供鹰架的情况。

 **案例研究**

塔斯尼姆玩甲壳虫

4岁的塔斯尼姆正在幼儿园的计算机房里忙碌着。她的朋友亚当看到地板上有几只遥控的甲壳虫玩具,他们两人都忙着使甲壳虫运动起来。塔斯尼姆按了甲壳虫顶部的绿色按钮,可是甲壳虫并没有移动。而亚当的甲壳虫立刻就移动起来。

"你是怎么做的?"塔斯尼姆问道。

"我只是按了一下按钮。"亚当一边回答,一边用手指向按钮。

塔斯尼姆再次尝试,可是毫无动静。"我的怎么不行?我跟你交换吧。"她说。于是两人交换了甲壳虫。

亚当试了甲壳虫,可是仍然没有用。"我敢肯定电池没有电了。"他说。

塔斯尼姆说:"换一个新的试试。看看,我的自己能动。看啊,看啊!"她又按了几次按钮。(这只甲壳虫事先设定了程序,只能运动一小段距离。)

塔斯尼姆又给亚当找了一只甲壳虫,可是仍然不能动。她把甲壳虫翻过来看上面的开、关按钮。"处于'开'的状态,如果不能动是因为没有电池了。"她告诉他。然后她继续玩自己的甲壳虫。房间里的教师告诉她可以清除甲壳虫的"记忆",指挥甲壳虫跑到别的地方。

这时米沙走进了房间,塔斯尼姆告诉她只有一只甲壳虫能动,因为只有这一只有电池。她把其中一只拿起来,"你看这一只,因为没有电池,所以不能动。"她按了按钮给米沙看,然后又按了自己的甲壳虫按钮,甲壳虫就动起来了。教师再次问她是否记得清除甲壳虫的记忆。"哦,没有。"她边笑边答,然后清除了那只甲壳虫的记忆,甲壳虫又跑起来。

在这个案例中,教师在儿童学习中扮演了关键角色。这就是提供了一种经验来鼓励儿童协作并讨论正在发生的事情,成人就在旁边搭建鹰架,方法是在合适的时候提供信息和建议,帮助儿童积累知识,理解甲壳虫的工作方式。塔斯尼姆的朋友亚当也帮助她理解甲壳虫为什么不工作,这说明了同伴支持的重要性。

 **请思考**

◆ 你会提供什么样的机会来确保儿童学习的进一步发展?
◆ 你会如何拓展塔斯尼姆的电池知识或者遥控玩具知识?

◆ 这个案例中,语言起了什么作用?

◆ 这个案例和布鲁纳的螺旋式课程中的观点是否一致?

◆ 这个案例和维果斯基的著作、"最近发展区"或皮亚杰的适应观有什么联系?

你可能已经考虑了提供电动玩具的不同活动,或者设计一个电动物体的互动展览。你也可以小心地向儿童演示如何把电池放进物体里。你还可以提供更深层次的遥控玩具活动,并与儿童讨论他们家中的遥控物体或者需要电池的物体。

你也许已经注意到,通过提供类似的活动和经验,你在鼓励儿童再次理解电池,温故知新。这反映了布鲁纳的螺旋式课程思想。

在阅读上述案例的时候,很容易看到亚当在帮助塔斯尼姆在她的知识领域外学习,进入了"最近发展区"。教师并未打断或者加入儿童之间的谈话,这就是承认儿童学习中同伴的作用。在案例中,塔斯尼姆正在改变自己对甲壳虫和甲壳虫如何工作的观点,她在同化并顺应她所遇到的新信息,以便能够调整自己的理解,这和皮亚杰的观点是一致的。

布鲁纳的理论还将在如下章节中讨论:

第 3 章"儿童的交流",第 69 页。

第 3 章中的"支持早期读写",第 83 页。

第 4 章"儿童的关系",第 99 页。

早期教育人员在促进儿童学习中的作用

本章开篇就已经阐明早期教育人员需要了解儿童学习的方式,以便提供恰当的活动和经验来拓展和促进儿童的学习。理解研究者(如皮亚杰、维果斯基和布鲁纳)的思想,能够使早期教育人员明白为什么在做这些事情,并洞悉如何有效地帮助儿童。

你也许还发现自己对儿童学习的知识并不是一成不变的。随着自身经验的增加和其他人研究的深入,你对儿童的理解也会不断变化。也许你希望开展自己的小规模研究。如果早期教育人员的目标是对自己关照的儿童提供优质教育,那么就要不断参与到专业发展中,和同事进行反思式的讨论。在每一个教育环境中不断地诘问自己给儿童提供的经验,从而形成一种反思式实践文化是十分重要的。

案例研究

伍学前机构的反思式实践

苏西·伍（Susie Woo）开办了一家2岁半到4岁儿童的游戏小组（playgroup）。这个小组目前已有25名儿童，有3名专职教师，2名兼职员工。所有员工都有三级资质，有的是刚获得资质，有的从1975年开始就在早期教育机构工作。

苏西热衷于让员工分享良好的实践，并开创反思讨论的氛围。她非常清楚，教学很容易滑入每天都提供相同的设备和材料、忘记如何激励儿童学习的窠白。成人不知不觉中就重复了日常活动，因为这样便于管理，但是却未必能够为儿童创造积极的学习环境。

因此就要鼓励员工对小组中儿童进行常规的简单观察，并在每次活动后和同事分享自己的发现。这些观察展示了儿童作为个体的发展状况、儿童的兴趣和儿童对所提供的活动的投入程度等诸方面的情况。

员工也有机会进行常规会议，反思他们提供的经验的有效性。这就引发了激烈讨论，论争包括所提供的游戏的不同方面的优点、如何让儿童投入到活动中、经常评价设备和材料激发学习潜能的必要性等。

员工也经常引导儿童针对活动进行讨论，谈论他们喜欢什么、学到了什么。苏西在得到家长同意的前提下拍了很多照片，这些照片能激励儿童极好地进行讨论。

如员工观察的结果显示，显然只有很少的儿童使用"小世界"活动玩具，而且没有哪个儿童能对"小世界"活动保持五分钟的热度，没有哪个儿童表达了对玩具的兴趣。当他们在会议上回顾这一点时，就决定要升级玩具，而且允许儿童参与从目录中选择新玩具。他们认真讨论了如何让玩具具有挑战性，以刺激儿童进行学习。

请思考下列问题：

1. 你如何与同事分享好的做法？
2. 你是否使用观察记录，让自己更好地理解儿童的学习需求？
3. 如何看待你所在的教育机构中提供的活动以及活动的学习潜能？
4. 你对苏西和她的团队有什么建议？

上面的案例研究表明，如果希望激励学习，全体员工就要反思实践，讨论自己提供的活动，这是非常重要的。该案例研究也突出了运用观察这一工具对理解儿童的作用。

 **请尝试**

在幼儿园中，观察一个活动区域，可能的话观察一节课或者一周时间。
◆ 记录参加这种活动的儿童人数。
◆ 考察正在进行的学习过程，判断儿童是否受到经验的激励。
◆ 儿童的投入程度如何？他们是否专注？他们是否共同活动？他们喜欢这种经验吗？
◆ 早期教育人员应当怎样改善儿童的学习经验？

通过不断反思你的实践，评价你的工作对你照料的儿童产生的影响，你给儿童提供的学习环境就能够激励儿童学习。

 **实践反思**

做一名善于反思的早期教育人员，你需要自问如下问题：
◆ 反思你自己在教育机构中的角色。我的角色是什么？我是哪种类型的实践工作者？我怎样才能提高自己的实践活动？
◆ 考虑未来的发展。我如何提高自己对儿童的了解程度？我希望未来成为什么样的实践工作者？
◆ 我为什么为儿童提供这些活动和经验？他们从中学到了什么？他们是否学到东西了？
◆ 我能提供什么样的活动让儿童提高学习效率？我应该如何让学习变得有趣和富有激励性？
◆ 儿童的个别需求是什么？我如何才能知道什么让个体感兴趣？对每一个儿童的发展我都了解了什么？
◆ 同事如何看待作为从业人员的我？为了给儿童提供优质的教育，我和同事的合作是否有效？
◆ 我应该在什么时候反思自己的实践？
◆ 在未来为儿童的规划中，我应该如何反思？

小　结

在早期保教中,早期教育人员的角色是复杂的,需要反思、观察技能,需要了解儿童。你应当深入了解儿童发展以及儿童学习背后的理论。你也必须合理规划学习进程,促进儿童发展,并通过有效沟通和交流与同事合作。本章考察了儿童如何学习的一些理论,并分析了这些理论如何影响早期教育机构的现代实践。本章的重点在于皮亚杰、维果斯基和布鲁纳的工作,以及儿童学习图式的作用方面的近期研究,包括布鲁斯的研究。本章概括了每一个理论观点的关键要素,鼓励你反思这些观点对实践的影响,同时说明了你应该如何提高和拓展自己给儿童提供的学习活动与经验。

每一个理论家的研究都在方法上表现出差异性和相似性。皮亚杰主要把儿童的发展看成是分阶段的,认为认知能力与这些阶段相联系。他很少提及儿童的社会性发展。维果斯基在很多思想上和皮亚杰一致,但是却强调社会性发展,注意到成人和同伴在促进儿童发展方面的重要性,允许儿童进入独自无法实现的发展区。布鲁纳通过他的鹰架和螺旋式课程的观点,阐明了成人在促成儿童进步方面的重要性。

如果你对此感兴趣,那么还有其他研究和理论例证供你自学。例如,你可能希望了解弗洛伊德、埃里克森、巴甫洛夫或斯金纳。再如,皮亚杰和科尔伯格(Kohlberg)的某些著作中阐述了儿童学习道德规则、好坏差异的方式。这些理论家及其著作不胜枚举。

斯金纳的理论在第 3 章"儿童的交流"第 64—65 页、第 6 章第 154 页中有讨论。

弗洛伊德在第 4 章"儿童的关系"第 96 页、120 页,第 5 章"儿童如何感受"第 141 页也有讨论。

检查你的理解

1. 你如何理解皮亚杰概述的发展阶段?
2. 想想你所教的儿童的年龄,他们的行为与皮亚杰的理论是否一致?
3. 维果斯基理论的主要特点是什么?
4. "鹰架"的意思是什么?
5. 你是否理解图式?如何把图式运用到你的教育实践中?
6. 你认为自己作为早期教育人员的作用是什么?
7. 如果反思你自己的实践,你认为自己应做哪些方面的改进?

参考文献

Athey, C. (1990) *Extending Thought in Young Children*, Paul Chapman Publications
Brain, C. and Mukherji, P. (2005) *Understanding Child Psychology*, Nelson Thornes
Bruce, T. (1997) *Early Childhood Education*, 2nd edition, Hodder & Stoughton
Bruner, J. (1983) "Education as social invention", *Journal of Social Issues*, Vol. 39, pp129-41
Daly, M., Byers, E. and Taylor, W. (2004) *Early Years Management in Practice*, Heinemann
Davenport, G. C. (1988) *An Introduction to Child Development*, Collins Educational
Flanagan, C. (1996) *Applying Psychology to Early Child Development*, Hodder & Stoughton
Lindon, J. (2005) *Understanding Child Development: Linking Theory and Practice*, Hodder Arnold
Tassoni, P., Beith, K. and Eldridge, H. (2000) *Diploma in Child Care and Education*, Heinemann
Tassoni, P. and Hucker, K. (2005) *Planning Play and the Early Years*, 2nd edition, Heinemann

有用的网址

www.pengreen.org
www.childrens-mathematics.co.uk
http://evolution.massey.ac.nz
http://health.enotes.com/childrens-health-encyclopedia/cognitive-development
www.keytolearning.com
www.standards.dfes.gov.uk
www.surestart.gov.uk

第 3 章
儿童的交流

导　言

本章将考察儿童习得语言方面的一些理论观点,还要考察儿童交流的其他方式,以及你如何在他们的交流中提供帮助。

婴儿从出生的那一刻起就开始交流。幼儿运用多种方式相互交流,与看护他们的成人、与更广阔的世界进行交流。一个善于反思的早期教育人员的基本素质之一就是经常评价自己和儿童的交流方式,并探索使交流更富有成效的方式。作为一名训练有素的、支持儿童学习和发展的早期教育人员,你有必要了解哪些做法最有助于发展儿童的交流技能。为了做到这一点,你不仅要考察作为一种交流方式的语言,还要考察非言语交流、语言习得和儿童的读写启蒙三个方面的问题。

本章将引入儿童如何习得语言的一些理论观点。多年来,理论家和研究者都在探索儿童如何学会说话,他们研究中揭示的成果已经对鼓励和支持儿童进行早期交流提供了信息并产生了影响。本章还将考察儿童交流的其他方式以及对儿童交流可能提供帮助的方式。

本章涵盖了以下内容:
- 儿童如何学会说话
- 早期社会互动的重要性
- 支持儿童早期读写

本章涉及的理论家和研究者有:
- B. F. 斯金纳,第 64 页
- 诺姆·乔姆斯基,第 65 页
- 路易斯·布鲁姆,第 66 页
- 玛格丽特·唐纳森,第 68 页
- 迈克尔·韩礼德,第 69、78 页
- 杰罗姆·布鲁纳,第 69、83 页
- 列夫·维果斯基,第 68 页
- 让·皮亚杰,第 68 页
- H. 鲁道夫·谢弗,第 70 页
- 玛丽安·怀特黑德,第 71、84 页

- 蒂娜·布鲁斯,第75、82页
- 戈普尼克等,第76页
- 珍妮·赖利和大卫·里迪,第79、88页
- 亚伯拉罕·马斯洛,第81页

儿童如何学会说话

使用语言这种交流工具的能力使人类区别于动物。儿童在早期很快就学会了说话,一直有学者对儿童语言的习得进行着大量的研究。理论家和语言学家对儿童好像不费吹灰之力就习得语言一直非常感兴趣。

我们将探究以下几种重要的理论和方法,从而探索儿童如何习得语言。

- 行为主义方法(behaviourist approach)。
- 先天论方法(nativist approach)。
- 语义学方法(semantic approach)。
- 互动方法(interactionist approach)。

这些方法常常联合起来考察,因为它们之间是相互融合的,但是目前我们先分别考察,然后再探讨其他理论和观点。

行为主义方法

B. F. 斯金纳在1957年出版了一本题为《言语行为》(*Verbal Behaviour*)的著作,他在书中阐释了语言习得方面的观点。他的观点是以动物研究为基础——你也许听说过斯金纳的老鼠实验。他考察了这些实验中有关反应和奖赏的过程,并将其中部分发现运用于语言学习原则。他告诉我们,儿童是"中空容器"(empty vessels),在父母的养育过程中,他们天生就是让我们用语言来填充的。他说这与其他学习方式毫无二致,具体表现为下图(见图3-1)中展示的刺激、反应、强化的过程。

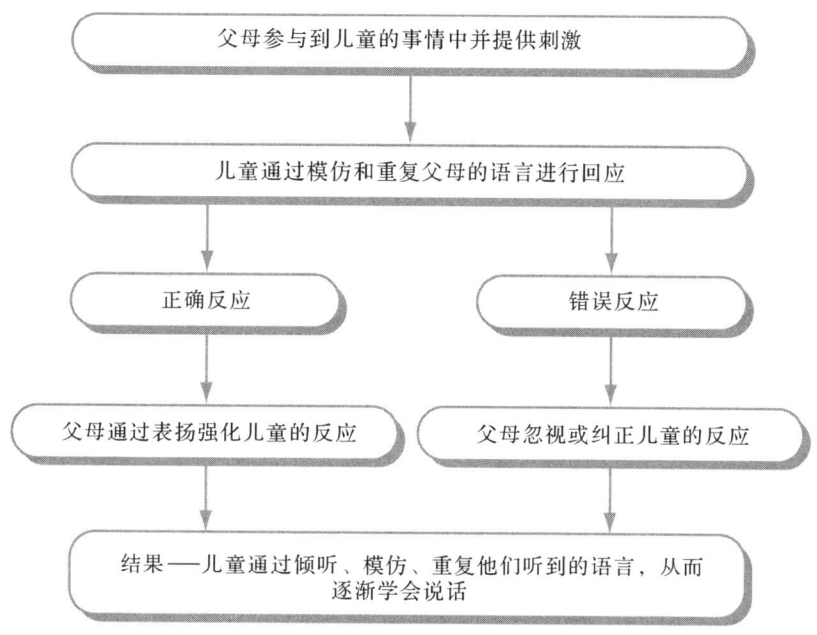

图 3-1　斯金纳的语言习得过程

这种观点似乎成立,因为人们能够听到儿童总是模仿成人讲话。但是,这无法解释儿童为什么能够说出成人没有说过的话。例如 3 岁的约翰说:
- "I *hurted mineself* when *mine* did fall over."(我跌倒了,摔伤了自己。)
- "I fell off the bike my daddy *gived* to me."(我从爸爸给我的自行车上掉下来了。)

你可能会承认,成人不会如此运用语言,所以斯金纳的理论对儿童如何学会语言留下了一些没有解答的问题。然而,今日已经很少见到像斯金纳的行为主义方法这么强势的理论了。

斯金纳的理论还将在第 6 章的第 154 页加以讨论。

先天论方法

诺姆·乔姆斯基(Noam Chomsky)在 1959 年撰文批评斯金纳,指出斯金纳观点的不足。他说在研究语言学习时不能使用老鼠,斯金纳误解了语言的本质。他认为斯金纳没有考虑语言的两个重要方面。
- 一个人所说的几乎每一句话都是不同单词的组合,因此儿童不能只通过学会正确的反应而学会语言。
- 儿童在没有任何正式辅导的情况下就发展了复杂的说话方式,并想出新的方式来构造句子,以便能够被他人理解。

乔姆斯基告诉我们,这两个基本要素显示人类有天生学习语言的素质。他把这种先天素质称为"语言习得机制"(language acquisition device,简称LAD)。他认为,婴儿一出生,先天就有学习语言的潜能,其大脑已经做好了交流的准备。乔姆斯基发现,儿童开始说话时,不但学习单词,而且学习如何把单词按照正确的顺序排列——他们在学习"语法"。

他发现我们使用的很多句子都有一个深层结构,却有不止一个表层结构。例如:
- George caught a fish today.(乔治今天捉了一条鱼。)
- A fish was caught by George today.(一条鱼今天被乔治捉了。)
- It was a fish that George caught.(是一条鱼,乔治捉了。)
- What George caught was a fish.(乔治捉的是一条鱼。)

儿童如何学会这些?你也许会同意这样的观点:太复杂了!不同的语言如汉语、斯瓦希里语和英语都有这些深层结构。所以乔姆斯基提出,人天生就对深层结构有普遍敏感性。他认为儿童有能力学习复杂的语法,并把儿童称为"直觉语法学家"(intuitive grammarians)。如果我们再回到约翰早先使用的句子,我们就能看出儿童运用相同的规则——"hurted",因为这是过去时——而在语法实践中,儿童无一例外地都使用了过去时。乔姆斯基宣称,儿童不是通过坐下来倾听周围的语言例子而被教会语法的。

请思考

想一想实践中儿童做如下事情的例子。
- 模仿成人的言语。
- 运用一个深层结构句子,它的表层结构不止一种。
- 语言习得机制(LAD)——儿童在运用一种知识,这种知识他们从不可能从成人那里模仿到。

你也许希望考察没有机会接触人类的儿童的研究情况。例如,"埃佛阳野孩"(Wild Boy of Averyon),他是1799年在一个森林里被发现的,他被发现的时候没有同伴——这个案例和其他相似案例的链接参见www.FeralChildren.com。

语义学方法

继乔姆斯基的发现之后,为了了解认知因素和社会因素在语言习得过程中的重要性,其他研究者也开始考察语言习得过程。20世纪60年代末,系统调查开始研究儿童如何试图弄清他们周围世界的意义,儿童被视为意义的创造者。

20世纪70年代,路易斯·布鲁姆(Lois Bloom)开展了一项研究,研究中她发现"儿童对期望的意义进行了丰富多彩的解释"。她展示了儿童运用语言的例证——经常是相同的两个单词表达不同的意思。布鲁姆给出了下面的例子：

> 卡瑟琳，21个月，在同一天的两个不同情境中两次使用单词"mummy sock"（妈妈袜子）。第一次是卡瑟琳捡起妈妈的袜子时说的，"This sock belongs to mummy."意思是"这只袜子属于妈妈"。第二次是在妈妈帮她穿衣服的时候说的，"Mummy is putting my sock on me."意思是"妈妈正给我穿袜子"。

 **请思考**

请举出一些儿童重复两个单词表示不同意思的例子，例如"大猫"（big cat）表示"我要那只大猫"（I want the big cat）和"看那只大猫"（look at the big cat）。

这些发现中，有的表明认知发展先于语言发展。这就提出了许多问题，引发了语言和思维之间关系的进一步争论。例如：

● 儿童是否先习得物体或动作的概念（思想），然后再学会该物体和动作的正确单词？

● 了解物体和动作的单词，是否有助于儿童理解并发展这个概念？

 **请思考**

有关这两个问题你是否有答案？这个谜很难解开！你可以尝试审视维果斯基、布鲁纳、皮亚杰和近期理论家史蒂芬·品克（Steven Pinker）的思想，以解开思维和语言之间关系的谜。[本章末的"参考文献"中，如维果斯基的《思维与语言》（Thought and Language）以及玛丽安·怀特黑德（Marian Whitehead）的著作可供参考。]

皮亚杰和维果斯基也阐述了语言和思维之间的关系,其观点总结如表 3-1 所示。

表 3-1 语言和思维之间的关系:皮亚杰和维果斯基

皮亚杰	维果斯基
皮亚杰认为语言是儿童展示知识的唯一可能途径;他坚信思维先于语言,因此儿童所使用的语言能够代表他们的认知发展;他相信语言是一个象征系统,是用来表征我们的经验的	维果斯基认为,虽然思维和语言同时产生,但它们未必有相同的开端。他认为,思维是一种认知活动,随着儿童对周围世界的了解而发生。语言发展则是因为儿童听到了他们周围成人和其他儿童的讲话。他告诉我们,在大约两岁的时候,前语言思维(pre-linguistic thought)和知识语言(intellectual language)交织在一起,对儿童有两种功能: ◆ 内部功能:指导思维 ◆ 外部社会功能:和其他人交流

玛格丽特·唐纳森(Margaret Donaldson)也发现语言的发展依赖于儿童更加普遍的认知发展。她举出许多例子来说明儿童掌握意义、明白环境意思的方式,如下面的一个例子。

> 一位英国妇女和一位阿拉伯妇女在一起。后者带着两个孩子,男孩 7 岁;女孩 13 个月,刚刚开始学习走路,在没有其他人帮助的情况下,她对多走几步都感到害怕。英国妇女不会说阿拉伯语,阿拉伯妇女和她的儿子也不会说英语。
>
> 小女孩走向英国妇女然后又回到她妈妈身边。她接着转过身来,似乎要再次向英国妇女身边走去。可是英国妇女微笑着指着男孩说:"这次走到你哥哥身边。"虽然男孩对英语一窍不通,但是他立刻就明白了是怎么回事,伸出了双臂。婴儿微笑着改变了方向,向她的哥哥走去。她和她的哥哥一样,好像完全明白是怎么回事。
>
> 来源:Donaldson(1978),第 37 页

请思考

请考虑唐纳森上面的例子。
◆ 你认为两个孩子是如何明白英国妇女对他们所讲的内容的?
◆ 是不是这一特定的人类情境,能够不必使用单词就让儿童明白一些事情?

语义学观点展示了儿童理解周围世界和人类环境的能力。儿童不再是行为主义学家所说的被动的"中空容器",也不是先天论者所说的先天就有学习语言的能力。

互动方法

这种方法考察成人在儿童语言发展过程中的角色。虽然上述理论认可了生物和环境要素的重要性,但是杰罗姆·布鲁纳和迈克尔·韩礼德(引用自 Maynard and Thomas, 2004)声称,儿童在能够说出单词之前,就已经理解了语言的功能。只要你观察一个婴儿及其看护者,就能够看到这一点。凯瑟琳·斯诺(Catherine Snow)称之为"对话般的交流"(conversation-like exchanges)。父母和自己的宝宝讲话时使用的是一种特别的、简单的语言——起初被称为"母亲语"(motherese),最近又被称为"父母语"(parentese)。父母需要和宝宝交流,理解宝宝的需求。他们通过目光接触、重复、轮流说话等方式来实现这一点,他们会说他们理解婴儿想告诉他们什么。布鲁纳说,这种特别的语言给儿童提供了语言习得支持系统(language acquisition support system,简称 LASS)。

图 3-2 这个小婴儿和她的父亲共享一种特别语言

请思考

请回忆你观察到的父母使用语言习得支持系统的情况——这可能发生在婴儿吃饭的时候、睡觉的时候、玩耍的时候或者洗澡的时候。
- ◆ 父母是否使用一种特别的语言或者符号来帮助婴儿？
- ◆ 婴儿的反应如何？
- ◆ 婴儿是否试图模仿父母？

我们将在本章后续的内容中进一步讨论这些早期的互动。

表 3-2　语言习得的关键理论总结

理　论	理论家	重　点
行为主义者	B. F. 斯金纳	论述了语言是通过模仿学习的——并且由父母培养
先天论者	诺姆·乔姆斯基	论述了先天能力——天性——儿童有理解语言和复杂语法的能力
语义学者	路易斯·布鲁姆 玛丽·唐纳森	论述了认知发展和语言发展之间的联系
互动论者	杰罗姆·布鲁纳 迈克尔·韩礼德	论述了婴儿和成人之间的互动——语言发展的社会功能和交流功能

早期社会互动的重要性

从非言语交流到言语交流

H. 鲁道夫·谢弗（H. R. Schaffer, 2004）告诉我们，婴幼儿和主要看护者之间的最早的互动，对促进他们的语言发展十分重要。婴儿对父母使用"母亲语"或者"父母语"能够作出很好的回应（见表 3-3 所示）。

表 3-3 谢弗提出的如何运用"父母语"的例证

特 点	成人使用言语的一些特色
语 音	发音非常清楚 音调较高 语调夸张 语速较慢 为了等待婴儿的回应停顿时间较长
句 法	言语和说话长度较短 先组织好句子再说出来 句法较简单
语 义	"婴儿语"词汇 词汇量有限 所指总是目前正在发生的事情
语 用	指向更加明显 疑问句较多 重复婴儿的声音 吸引婴儿注意的策略

来源:改编自 Schaffer(2004),第 125 页

你一定听过成人用"父母语"与他们的孩子互动。毋庸置疑,这样的支持和刺激有助于帮助儿童把语言习得变得有意义、富有乐趣。但是并没有证据表明,儿童必须这样习得语言。因为跨文化研究显示,并非所有文化都采用"父母语"这种语言风格,而他们的做法并没有阻碍儿童此后学会他们的语言。例如,巴布亚新几内亚的卡路易人(Kalui)就很少对自己的婴儿这样做,他们对待儿童的方式就好像儿童什么也不懂,在儿童长大一些的时候,对儿童讲话的方式就非常有训诫性。然而,这些孩子在正常的时间里开始运用语言,因为他们一直在听和看成人说话。这样看来,儿童似乎决心与他人交流,并且有天生的交流能力,哪怕他们受到听力障碍的困扰。

玛丽安·怀特黑德(Marian Whitehead,1999)告诉我们,儿童是"伟大的交流者"。她说在这些最早期的交流中,婴儿了解了关于自己的很多知识,并了解了他人如何看待自己。看护者的反应向婴儿表明他们是多么的可爱、多么的特别。玛丽安·怀特黑德认为,婴儿通过这些早期的交流学会了一种生活方式。她指出非言语交流(non-verbal communication)的主要特点是:

- 面对面,很亲密。
- 强烈的感情——温暖、愤怒、挫败。
- 全面的身体动作——舞蹈、手势、摇头、点头、挥手等。
- 嘴巴的声音——口哨、嗡嗡叫、咂舌声、嘘声、咕咕声。

怀特黑德还认为,首批单词并非随机的声音,可以通过如下方法加以辨别。

- 它们突然被儿童运用。

- 它们在相同的活动和环境中经常被运用。
- 看护者知道它们的意思。

请看下面的"案例研究"。

 **案例研究**

首批单词

凯蒂在过去几个月使用了很多单词。她的父母注意到,将她放到床上以后,他们能够听到她在儿童床上"自言自语"好久才会入睡。她重复着家人的名字,她说着一天中做过的事以及身体的部位。

你认为凯蒂入睡之前在做什么呢?

你也许认为凯蒂在练习着她所知道的单词。自言自语地重复,目的是既要记得住,又要说得对。怀特黑德解释说,语言对儿童而言就是权力,因为语言使儿童能够解释自己的思想,并表明他们自己也在思考。显然儿童学会的远不只是单词,他们在很短的时间里还掌握了相当复杂的语法。怀特黑德用如下的方法解释语言规则:

- 语音(phonology)——语音的组织和模式。
- 句法(syntax)——单词的有意义结合。
- 语义(semantics)——单词的组合和它们的意思。

 **良好行为清单**

支持婴幼儿交流

◆ 密切关注婴幼儿,以便帮助他们理解世界以及自己在世界上的角色。

◆ 使用丰富的游戏语言,并和父母、家人、兄弟姐妹、祖父母外祖父母、关键教养员、其他工作人员和孩子互动。

◆ 提供一个合适的环境——舒适的小房间、毛毯、地毯、便于躲藏进去的垂地窗帘、树木、灌木、窥视孔和藏身之处。

◆ 提供活动,例如面对面凝视、唱歌、跳舞、鼓掌、谈话、跳跃,很多听、看、保持安静的机会,手机和百宝篮(见第6章)、乐器、音乐伴奏、锅盖、嘎嘎作响的玩具——任何发出有趣声音的东西等。

◆ 在日常活动中,提供放松的谈话机会——一对一的安静谈话,以促进复杂思想的产生。

 **请思考**

请运用上述"良好行为清单"完成表3-4,其中应包括你用来支持每一个年龄段和语言发展阶段的方法。有些例子已经给出。

表3-4 支持语言发展

年　龄	典型的语言能力	如何支持语言发展
6个月	在房间里转向妈妈发出声音的地方 对名字有回应 发出悦耳的声音 在玩耍时发出笑声和尖叫 对成人声音里的愤怒和友好音调作出回应	例如:在很多面对面的凝视中提供刺激
1岁	经常大声嘟哝 能够表现出理解了几个单词在语境中的含义 理解简单的指令——尤其是当成人发出口头指令时 模仿成人的发声——这可能经常听起来像个单词 会按要求把物体递给成人,例如汤匙——说明可以通过实际运用显示其含义	例如:给儿童操练单词的机会——提供诸如超市里的图片等视觉线索
18个月	在游戏中大声地自言自语 使用对话的语调和有情感的音调 使用6—20个可以识别的单词,理解更多的单词 喜欢听儿歌,并试图一起唱 服从简单的指令	例如:保证儿童有机会唱儿歌,进行单词游戏
2岁	使用50个甚至更多可以识别的单词,并理解更多词语 开始充满兴趣地听普通对话 会使用介词——例如"in"(在……里边),"under"(在……下边),"or"(或者),"on"(在……上边) 经常询问物体和人的名称 "Mine"("我的",属格)和"me"("我",宾格)开始出现 对简单问题作出回应	例如:包含简单指令的捉迷藏和其他游戏

续表

年　龄	典型的语言能力	如何支持语言发展
3岁	能够正确使用人称代词"I"("我",主格)、"you"("你",主格、宾格)、"me"("我",宾格) 可以使用3个单词构成的句子 动词占主导地位 知道身体的部位 掌握大约900—1 000个单词 理解与自己的环境相关的简单问题 更多地使用"什么"(what)、"哪里"(where)、"谁"(who)等提问 仍然自言自语地进行大段独白,特别是在想象游戏中更是如此 能够说出自己的年龄、性别和姓名 知道好几首儿歌	例如:《头、肩、膝盖、脚趾》等歌曲;"你昨天去看谁了?"等问题
4岁	知道常见动物的名称 说出书本上常见物体的名称 知道一种或更多种颜色 语法表达正确而且能够被理解 倾听并讲述长故事 能够通过机械记忆数到20或者更多 游戏时广泛使用语言 知道好几首儿歌和歌曲并能正确演唱	例如:使用自己喜欢的故事书——要求儿童复述故事,或者表演一个具体的、熟悉的情节
5岁	言语的流利运用 能够重复长达9个单词的句子 能遵从3个要求 知道自己的年龄 喜爱阅读故事或者讲故事,还能把故事表演出来 喜欢笑话和猜谜语 理解明天、昨天和今天 可以使用长而复杂的句子	例如:鼓励儿童搜集资料,帮助他们复述故事和讲述自己的经历
6岁	这时的语言应完全能被理解而且可以在社交中使用 应掌握"f、v、sh、zh、th"的发音 理解的概念应达到7个以上 能够根据图画讲故事,并看到事物之间的关系	例如:给儿童计划一个特殊任务的机会——并考虑所有因素——比如和朋友一起计划活动

续表

年　龄	典型的语言能力	如何支持语言发展
7 岁	应掌握辅音 "s/z" 和 "r",轻声 "th、ch、wh" 和软音 "g" 理解一些词语,如"相似的"、"不同的"、"开始"、"结束" 开始会说出时间 能简单地阅读并写出很多单词	例如:朗读一个故事,给儿童机会去创作一首歌曲或根据自己的经历写一个故事
8 岁	所有语言发音包括辅音连缀应当清楚并且定型 能够轻松地阅读 能够和成人进行对话 形成了时间和数字的概念 语法错误很少	例如:提供在小组中表达想法的机会

蒂娜·布鲁斯(见第 2 章)于 1999—2003 年间在凯斯特尔布里社区组合(Castelbrea Community Cluster)开展了研究,这个社区组合是爱丁堡的克雷格米勒地区的一部分。她在著作《在童年早期开展学习》(Developing Learning in Early Childhood)里讨论了研究结果。这本书的关键主题之一就是交流。她告诉我们,交流首先是"接触自己",然后才是接触别人。布鲁斯解释说,在教育环境中,如果家长、儿童和早期教育人员之间能够良好地交流,那么就会产生高质量的学习。她还告诉我们,与他人互动在儿童语言发展中处于中心地位。对于想要找到与儿童有效交流方法的早期教育人员而言,布鲁斯支持互动方法。达成这个目标的方法是和儿童共享经历,运用所有交流媒介,例如观看照片、参观访问、表演戏剧场景等。在所有我们与他人的交流中,非言语交流占到 85%。我们可以不使用单词进行交流,但是我们却无法不使用身体交流。

 **案例研究**

萨希拉的刺猬

保罗在支持萨希拉进行一项活动。萨希拉用黏土制作了一个非常好的模型,并且对此很自豪。当她感到困难的时候,保罗鼓励她继续下去。保罗在她身旁弯下腰来,评论这个模型的可爱外形,以及她增加其他物件所产生的美妙细节。萨希拉告诉他,自己的模型是一只刺猬。保罗继续问萨希拉准备把模型放在什么地方。当她把模型放到教室里的一个架子上的时候,保罗仍然呆在她身旁,告诉她这个架子可能是个好地方,因为当她妈妈来接她的时候,可能一眼就会看到模型。

◆ 保罗对萨希拉的语言发展是如何提供帮助的?
◆ 他在向萨希拉表现自己重视其作品时,使用了哪种非言语交流形式?
◆ 萨希拉和保罗是如何交流信息的?

布鲁斯认为,非言语交流有两种方式:
- 通过身体——声音和面部表情。
- 通过各种艺术形式——音乐、舞蹈、视觉艺术。

这些媒介可以用于帮助语言学习,或者作为交流的替换形式。我们在交流的时候,大脑的各个部分需要协同合作,使一切同时发生。布鲁斯说,儿童经常同时探索好几件事情。(如图3-3所示)

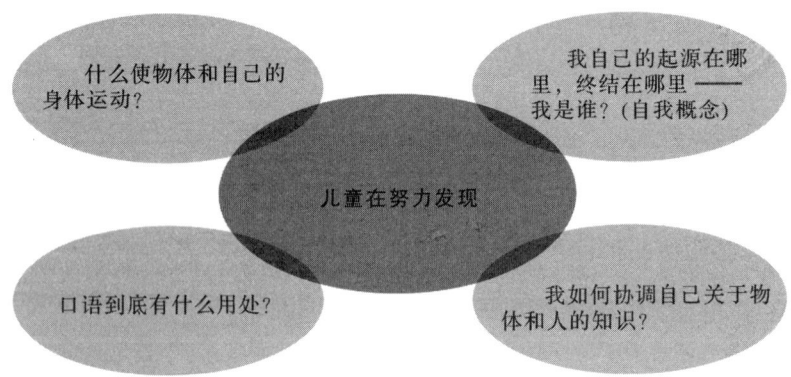

图3-3　儿童在同时探索很多事情

布鲁斯表示,考察大脑协同工作的那些研究者被称为"关联学派"(connectionists)。戈普尼克等人(Gopnik et al., 1999)宣称儿童是"世界的公民",因为他们在人生的开端就能够区分语言的不同声音。可是戈普尼克还告诉我们,大脑后来发生了转变,儿童开始按照不同的方式听声音,所以他们就不再能区分不同语言。他还说:"学习语言就是在你自己做什么和别人做什么之间进行协调。"成人能够帮助儿童学习语言,方法是创造一种有爱心的、支持性的氛围。请思考表3-5中布鲁斯概括的支持儿童学习语言的各种方法。

表3-5　支持语言发展:将布鲁斯的理论付诸实践

为语言发展创造合适氛围和关系的好做法	如何保证事情按照预期发展
合适的氛围	◆ 使用恰当的语调和身体语言——蹲下来平静地对儿童说话 ◆ 热情和鼓励——我们看儿童的方式会让儿童知道我们是支持他们,还是批评他们

续表

为语言发展创造合适氛围和关系的好做法	如何保证事情按照预期发展
发展记忆技能	◆ 保持讨论地方、事实、事件和人物的机会(语义记忆) ◆ 用来锻炼记忆的练习和活动(片段记忆) ◆ 通过演示和动手来教学,一遍遍重复做某事,以达到记忆的目的(过程记忆)
和儿童开展良好对话	◆ 帮助儿童找到前进的道路,找到解决问题的方法 ◆ 通过讨论想法开发并深化思维 ◆ 敏感地观察并回应非言语交流 ◆ 帮助儿童自信地尝试新的单词和新的思想,不惧怕嘲笑
充足的睡眠和休息	◆ 保证儿童在白天有充足的睡眠和休息的时段
给儿童使用语言表达思想和感情的机会	◆ 保证儿童知道他们是重要的,他们的观念和思想受到重视 ◆ 倾听儿童的心声,说话的时候使用恰当的语调 ◆ 鼓励儿童相互交流感情,并轮流说出自己的经历
与他人分享思想	◆ 在成人的帮助下,给儿童合作的机会,以保证分享思想的时间 ◆ 给儿童与成人合作的机会,让他们在没有威胁的情况下交流思想

支持儿童早期读写

这一节将考察成人如何支持儿童开始读写。这个过程相当复杂,为了做好这一点,我们要考虑以下几个方面。

- 一些当前用来支持早期语言的理论框架。
- 语言发展的语境化。
- 观察语言发展的各种方式。
- 使用符号。
- 书籍和故事在语言发展中的作用。
- 促进早期书写技能。
- 促进早期阅读技能。
- 为以英语作为额外语言的儿童提供帮助。
- 诵读困难。

一些当前用来支持早期语言的理论框架

我们在婴儿出生的时候,就开始帮助他们读写了。虽然我们都很清楚,婴儿不可能把自己的故事写下来,我们却可以努力支持他们发展这一重要技能。《0—3岁教养方案》文件包(见第1章,第10页)中的卡片告诉我们,成为"一名熟练的交流者"的四大要素是:
- 团结——善于社交,能有效地交流,发展积极的人际关系。
- 发现声音——使用语言的时候有能力、有信心。
- 倾听和回应——能恰当地倾听和回应他人。
- 表达意思——交流想法,影响他人,协商并做选择。

 请尝试

我们已经考察了人们针对这个领域的良好实践提出的建议。在幼儿园中,考察你认为儿童正在满足《0—3岁教养方案》要求的情况,并观察一个正在做下列任意一件事情的幼儿:
- ◆ 团结。
- ◆ 发现声音。
- ◆ 倾听和回应成人或同伴。
- ◆ 表达意思。

观察后,评价这是否就是儿童学习读写的机会。

你一定注意到了这类互动的许多例证。但是你可能发现很难把这些活动与儿童最终的读写能力联系起来。这是因为读写技能的发展很大部分都是隐性的。

《基础阶段课程指南》(见第1章,第2页)告诉我们,儿童应当有机会参与:
- 与他人互动——沟通和轮流做事。
- 快乐地聆听口语和书面语。
- 倾听时保持注意力。
- 快乐地听取故事并对故事作出回应——创作自己的歌曲、故事和儿歌。
- 扩充词汇——探索新词的意义和读音。
- 自信地、清楚地、大声地说话。
- 运用语言进行想象,重构角色和经验。
- 运用谈话来组织、理顺和清楚地叙述想法。

语言发展的语境化

迈克尔·韩礼德(转引自 Riley,2003)宣称,他通过自己的研究,发现可以把语言的不同功能归为以下几类。

1. 为了完成事情而说话

2. 控制他人的行为

3. 为了与他人建立联系而交流

本章已经考察了布鲁斯提出的能够做到这一点的几种方式。

珍妮·赖利(Jenni Riley)和大卫·里迪(David Reedy)认为,随着儿童年龄的增长,他们对自己的需求和思想表达得越来越流畅。运用语言可以帮助儿童组织思想,在必要时对思想进行分类。两位研究者告诉我们,语言的运用可以分为语境化(contextualised)运用和去语境化(decontextualised)运用。(如图3-4所示)

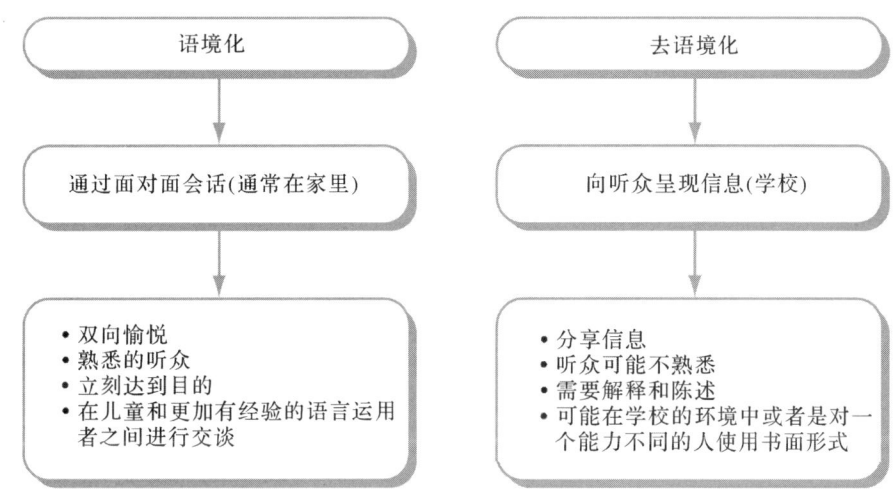

图 3-4　语言的语境化运用和去语境化运用

当然,我们可以很清楚地看到,去语境化运用语言的技能更可能出现在年龄稍大的儿童身上,出现在经验丰富、善于向他人解释事情的儿童身上。语境化运用语言对年幼的儿童来说更容易,他们在一对一的时候更有自信心,并且和交流对象建立了相互信任关系。

观察语言发展的方法

我们可以用下列任何一种方法观察儿童,考察他们的交流方式。

- 书面陈述——把所有口语全部记录下来有时并不容易。
- 事件样本——当儿童进入一个新环境时尤其有用。
- 时间样本——可以用于记录全天发生的谈话内容。
- 清单——可以用于记录语言发展的特殊领域,例如科学语言的运用(见表3-6的例子)。
- 录音记录——对儿童讲话进行录音非常有效,但要注意背景噪音。
- 录像记录——这也非常有用,因为它记录了共同的对话以及现场有声的和无声的语言。
- 儿童的书写、线条画和做记号的例子。

表 3-6　按清单进行观察的例子

观察记录	
名字:艾丽西亚 年龄:3 岁 7 个月 日期:200 - 年 6 月 5 日 时间:上午 10 点 现场人物:教师、观察员和两个儿童	
任务:写故事	评　论
遵从教导	艾丽西亚非常渴望讲自己的想法,但是在成人指导的时候,不能很好地听讲
与成人或其他儿童互动	艾丽西亚注意力不集中,没有保持和成人的目光接触。她没有回答其他孩子提出的问题,虽然她是微笑着,试着去拉萨拉的手
集中注意力完成任务的能力(给时间)	当成人要求儿童对自己想出的故事(已经讨论过)进行绘画时,艾丽西亚开始的时候很有激情,但是 4 分钟以后,她的注意力就分散了,并且想离开小组
参与会话	艾丽西亚在会话中并不按顺序进行。她想让成人先听她讲话,并好像因为玩萨拉的头发分散了注意力

 请思考

在上述清单式观察记录的例子中,艾丽西亚在服从指令和倾听技能方面存在一些问题,教师希望观察她,看看她需要多少帮助。
完成了上述观察记录以后,你会如何应对呢?

使用符号

如果给予儿童恰当的机会,他们就能找到抓住自己的已有经验并呈现给他人的方法。他们可以通过下列多种表征方式做到这一点。

- 舞蹈——创作自己的舞蹈。
- 音乐——创作自己的歌曲和曲调。
- 艺术——木工、缝纫、陶艺、绘画。

也可以通过书面作业——信息、故事、儿歌等做到这一点。
- 听别人朗读——获取其他思想信息,聆听他人的故事。
- 音乐——写下符号,以便我们能够记住音乐。

亚伯拉罕·马斯洛(Abraham Maslow)说:

如果你的计划故意低于你的能力,那么我警告你,在此后的人生中你将深深懊悔。你将错过很多可能性。

来源:Maslow(1987),第 40 页

支持并鼓励儿童"制作个人符号"(Bruce,2004)确实很重要。如果你以儿童的兴趣作为起点,那么你将帮助他们发展能力,实现他们个人的潜能。下面的"案例研究"就是实践中的一例。

案例研究

乔和装修

乔 4 岁了。在等待很长时间以后,他们家终于乔迁新居。对于这次乔迁,他的妈妈和姐姐都非常激动,因为他们每个人都可以有自己的卧室了。在旧公寓里,他们是全家住在一个卧室里。乔回到幼儿园的第一天,就带来了自己新卧室和新家的照片,以便和其他孩子分享快乐。最后他清楚地描述了家中所有的房间。他告诉教师,他想帮助妈妈装修。

在接下来的一周时间里,乔利用教师提供的所有机会,设计自己房间的装修。首先他使用大积木——在地板上进行设计,先放了一块积木当床,再放两块代表衣橱。在讲故事的时间里,他请教师朗读故事书《搬家》。与朋友们进行想象游戏的时候,他组织大家把"油漆"从商店搬回来,并帮助他在桶里制作墙纸漆。他在邮局角仔细地安排了一切,还告诉同伴赶快离开这里,因为"这里要装修,很快就会乱七八糟"!

教师和乔进行了交谈,并问他关于装修方面他想在幼儿园做什么。乔建议,邮局一角的墙面需要装饰。教师就给乔和他的朋友们提供了机会,让他们到邮局店面后面的墙贴墙纸。

这个案例研究呈现的是一个儿童主导活动的例证,它为语言发展和符号的运用提供了丰富的机会。

教师还可以通过什么方法,利用这个机会给儿童语言发展提供支持?

布鲁斯表示,运用符号对儿童和早期教育人员都是有益的。在上述"案例研究"中,照片是教师拍摄的,以便儿童能够回顾这件事情("片段记忆"),讨论他们如何装饰邮局以及他们运用的技能("过程记忆")。照片放在儿童很容易拿到的地方,以便他们能够把照片带回家,和家人讨论他们的工作,并在日常生活中相互讨论。

布鲁斯针对早期语言实践提出了如下观点。

良好行为清单

创设环境,鼓励儿童运用符号

◆ 图书角应该温暖、舒适、明亮。藏书应当包括教师和儿童提供的书籍。提供坐垫和成人尺码的沙发,以便儿童和成人坐下来分享读书的快乐。

◆ 给设备贴上标签——如在抽屉、橱柜、门上贴着有图画和文字的标签,并用箭头指向各处。例如:"请从此处到邮局⇨"

◆ 完整地展示儿童的原创作品(不用裁剪,不要让它成为教师创作的作品的一部分)。

◆ 利用儿童制作的标签和符号,例如由乔和他的团队写的"乔的装修团队"。

◆ 利用现实生活的符号,例如在衣帽间里,在儿童的上衣上挂上他们的照片。

◆ 把符号和标记调整到儿童可及的高度。

图 3-5　儿童共享一本书的时候保持放松很重要

书籍和故事在语言发展中的作用

布鲁纳认为,儿童通过阅读故事,学习了很多文化世界的知识。他相信,儿童运用陈述帮助自己理解自己的经验,并与他人交流自己的经验。谢弗(Schaffer)也认为,儿童先要掌握"前阅读"(pre-reading)技能,才能做好阅读的准备。这些技能包括:

- 重复。
- 感知。
- 理解阅读习惯(书籍中的故事,阅读是从左到右,等等)。
- 押韵意识。
- 故事概念。

谢弗建议,在儿童学习阅读时,他们需要考虑视觉信息以及读音和单词的意义。这些技能的训练已经以图片配对游戏、拼板玩具游戏和按外形分级练习等形式做过了。

早期教育机构运用有文字的图画书帮助儿童进行相互间的互动,使文本充满了生命力。如早期读写经验中一本有用的故事书是迈克尔·罗森(Michael Rosen)写的《我们去猎熊》(We're Going on a Bear Hunt),这本书有早期互动和阅读技能的全部基本要素。

- 给儿童提供了与故事中角色建立联系的机会,因为故事中的人物全部用"我们"来指代。
- 给儿童提供了参与故事情节,很快了解下面将发生什么的机会。
- 文本有足够的重复,让儿童有机会思考下面可能会发生什么。
- 有价值的语音学习文本,例如"deep dark forest"(前两个单词押首韵)和"swishy swashy"(成对近韵词)这样的词语。
- 儿童有机会讨论受到惊吓的经历和家中的安全问题。
- 儿童可以随意进入或离开充满猜测、令人兴奋的故事世界。

你可以使用这个故事,并向儿童提如下问题。

- 这让你感觉如何?
- 这只熊孤独吗?
- 他们回家之前,距离有多远?

因此,年幼的儿童喜欢并受益于有如下要素的故事。

- 熟悉的人和物。
- 语言和句子的重复,例如在每一页末尾的"他是谁?""他在这里吗?"
- 使他们有真切感受的故事。
- 短小精悍的故事,每页不超过 25 个单词(当然这会随着儿童年龄的增长而变化)。
- 故事的模式——要让他们能够猜测到未来会发生什么。

上面说明的故事都有儿童熟悉的事物,这些事物也许已成了儿童经验和知识的一部分。故事里有重复,便于儿童学会参与到故事之中;故事里也有情节发展的模式,便于儿童猜测到下面会发生什么。这样的故事使成人有了向儿童讲述的机会,从而拓展并支持儿童的语言发展。

克雷(Clay,1979)相信,向儿童讲话是发展儿童口语的最有效方式之一。她建议,成人应当:

- 在儿童想和你交谈时,注意倾听。
- 对于不太可能和你交谈的儿童,要主动和他(她)讲话。
- 回答儿童的所有问题,尽可能地拓展会话。
- 记住,善于交谈的儿童总是说得最多——成人应当区分这些儿童,同时区分那些不善于讲话的儿童,要在不善于讲话的儿童身上多花时间。

请思考

想一想幼儿园中哪个儿童讲话很多、讲话很有信心。观察你一天和他(她)讲话的时间有多少。

想一想哪个儿童几乎很少和你讲话。观察你一天和他(她)讲话的时间有多少。

你跟这两个儿童讲话的时间数量上的差异,可能让你大吃一惊。一名早期教育人员一天的工作非常忙碌,要做很多事情,经常会发现很难找时间和每一个孩子谈话。改善这种状况的方法之一就是安排更多的小组活动,提供更多有成人参与的讨论机会。

促进早期书写技能

怀特黑德(Whitehead,1999)详细地探讨了支持儿童早期语言技能和读写技能发展的内容。她说,尽早和婴儿分享图书的经验,能够帮助他们在此后人生中热爱书籍。她还讨论了儿童读写的最佳条件。这就是当儿童的生活中充满了文字的时候。对文字的兴趣能够确保他们将来制作符号和写作更有效率。她说文字应当是:

- 我们每天随处可见的文字——在我们的衣服上、电视上、电脑上、店铺里、餐馆里、亲友的信件里、参观礼拜的地方、邮局和超市等——文字无处不在。
- 为快乐而书写——歌曲、圣歌、儿歌、诗歌、舞蹈——这是儿童充分利用文字、游戏文字的机会。
- 为调查而书写——利用这个机会逐渐发展自己的字母表、写标签、列清单、进行在校注册——从含有相同读音、人物和地点的名单开始学习。

当儿童被很多文字所包围,并有机会以有意义的方式运用文字的时候,他们就会自信地运用书写或者符号讲述自己知道的知识。

案例研究

凯茜和教室

5岁的凯茜和自己的姐姐经常玩耍几个小时,如在她们自己保管的"教师工作台"上的登记簿里书写学生的名字,搜集她们想象的其他儿童的年龄、姓名、地址等细节——所有细节都可以添加到教室里的登记簿上。凯茜和姐姐很认真地在自己的洋娃娃的书籍里搜寻,她们在学校记录簿里一边做"记号",一边发出嘘声或者一边点头。当放学钟声响过之后,她们俩还会坐一会儿,为学校游戏作计划。

◆ 凯茜和她的姐姐正在进行想象游戏。她们在操练什么样的早期读写技能?

◆ 模仿是如何帮助她们建立书写的信心的?

关于儿童运用他们周围的文字操练书写技能的例证,你肯定有不少。如他们会发明各种图书馆系统;他们会复制商店里的价格标签,"银行"游戏也使他们有机会"写支票"并给收据"盖章"等。怀特黑德还谈到了"小小作家策略"(见表3-7)。

表 3-7 小小作家策略

策　略	小小作家做了什么
提出问题	儿童会直接询问文字是什么意思,他们也会问应当怎么写这些文字
观察他人	儿童会观察他人——尤其是成人或者哥哥姐姐——模仿他们所有的行为,比如咬铅笔
使用名字	儿童经常写自己的名字,在他们的书写生涯中写自己的名字可能是相当早的一件事情。他们特别喜欢使用名字的结尾或者结尾的组合,例如"er"或"ia"
开发知识	儿童可能只使用他们认识的字母或者他们知道的名字来创造信息和构造故事——其余的部分使用叉号(××××××)、重复的单词或者"心"的形状来填补
使用字母表或读音	儿童会使用字母和读音进行游戏。他们也会只使用辅音字母,例如用"tbl"而不是"table"(桌子)。他们还会发明符号
潦草书写	潦草书写非常重要,因为这说明儿童理解了写字和画画不是一回事。潦草书写是逐行进行的,而且速度几乎总是很快——如同一个信心十足的作家一样
名单和目录	正如"案例研究"所显示的那样,儿童或横或竖写的东西总是组织有序。以后,这就将成为他们记录自己所知道的信息的一种方式,这种方式将用来核对和组织
单词和图片	当儿童绘制一幅图片并在下面写上字的时候,他们就是在展示自己的知识:以图画和文字共同讲述一个故事

促进早期阅读技能

自从1998年引入了"国家读写战略"(National Literacy Strategy)以来,在每一个关键阶段,儿童的英语阅读成绩都有显著提高。"国家读写战略"的目的在于给教师提供合适的资源和教学方法,确保英国儿童的阅读水平得到提高。这种方法的基本要素是确保:

◆ 有一个明确的中心来提高成绩。
◆ 所有学校的教师都很容易获得阅读教学的最好方法,并能够通过训练有效地使用这些方法。
◆ 早期强调语音法和补充的阅读策略。
◆ 教学是为个体儿童的需求有效地定制的,有特殊需求的儿童能够得到恰当的帮助。
◆ 有专门为儿童准备的合适计划,使他们能够在游戏中学会交流和读写技能。
◆ 鼓励父母帮助儿童学习阅读、喜爱阅读。

来源:改编自 DfES(2005)

在早期教育机构中,也可以通过对以下早期阅读技能的基本要素进行规划,形成良好的实践,从而达到发展早期阅读技能的目的。

● 认识名字——确保每一个孩子都有机会看到自己的名字被写出来,例如在衣帽钩上、在吃点心的时候、在写字的桌子上、在每一次活动中。还可以把儿童的名字写到彩色的卡片上,帮助他们尽早识别自己的名字——这样,儿童既能识别颜色,又能识别自己名字的外形。
● 学习同韵词——听磁带上的录音、诗歌,鼓励儿童一起说押韵词语,从而达到练习语音的目的。
● 图画配对和声音配对——把图画和单词进行配对很有用,把磁带声音和单词卡片配对一样有用。
● 故事角——对于鼓励儿童欣赏书面文字显然具有重要意义。书籍种类应丰富多彩,包括诗歌、故事、信息、传说、立体书、双语书、算术书、儿童烹饪书等。
● 在所有环境中都投放配有文字的图片,供儿童观看。
● 在朗读故事的时候,用手指从左到右指着单词进行跟踪阅读。

语音教学法

在早期教育中,培养儿童的语音(声音)感和文字(视觉)感很有必要。在20世纪中叶,学习阅读(看字母和单词,听字母和单词的发音)的字母表法受到语音法的挑战(Grahame and Kelly,2000)。

语音法(phonics)就是专攻语音,并把语音解码成要阅读的字母的名称。解释这种语音法的运用,最简单的方法就是看单词"cat"(猫)。我们需要把这个单词分成三个声音,"C—A—T",到儿童书写这个单词的时候,他们就要听到这三个声音,并用字母代替这三个声音。刚开始向儿童介绍字母拼读规则时,先教他们听辨单个的元音和辅音(音素),接着识别代表这些读音的符号(字形)。然而,由于英语的语音不规则(拼写和读音并非总是一致),这样就稍有困难,一般的规则并非适用于所有单词。格雷厄姆与凯利(Grahame and Kelly)告诉我们,字母表里有 26 个字母来表示 44 个语音。

 **请尝试**

请想出一些单词,其中的语音和字母不是一一对应的,例如"any"、"phone"、"without"。你能再想出一些吗?

因此,儿童也要了解并接受这样的情况:有些字母要"双肩挑"(Grahame and Kelly,2000)。例如,字母"s"在"soft"和"was"中发音不同。有些语音要用字母组合,例如"shop"中的"sh"。其中有三个音素"sh"-"o"-"p",却要用四个字母"s"-"h"-"o"-"p"表示。虽然面临这些难点,但是国家课程却要求使用语音教学法。目前,许多教育机构和学校都采用复合的方法。

● 分析语音法(analytical phonics)。这种方法就是分析许多单词,鼓励儿童在全部单词中找到相应的发音方式。即儿童分析字母发音,教学从单词整体层面出发。每周教儿童一个字母发音,然后向儿童展示用该语音开头的单词和图片,再转向单词中的字母发音,发出被使用的字母的声音,最后把字母连起来发音。例如,"cuh"-"ah"-"tuh"三个音组合成"CAT"。

● 综合语音法(synthetic phonics)。音素在单词中是孤立的,但可以把它们融合在一起,帮助解码单词。儿童先听口语单词,然后选择字母,并把字母放到一起(可以使用磁性字母卡片来完成这项任务),发出相应读音,再组合到一起构成单词。这一方法的优点是教会了儿童一个发音拼读过程,在遇到生词的时候可以使用。这种方法的一个例子就是希基(Hickey)的多感官语言课程(multi-sensory language course)(Angur and Briggs,1992)——从首批 6 个字母发音(s a t i p n),儿童想出三个字母的单词("sat"、"pin"、"tin")。

请思考

为了探索语音教学法这个主题以及使用语音法的优点,你可能希望阅读前教育标准化办公室督导吉姆·罗斯(Jim Rose)撰写的《罗斯评论》(*Rose Review*, 2005),网址是 www.standards.dfes.gov.uk/rosereview/interim。这是一个早期阅读教学的独立评论,包括综合语音法作用的评论。

在早期教育机构中,格雷厄姆与凯利建议,可以帮助儿童提高对声音的敏感度,并对他们多加鼓励,以便提高他们的普遍听力。他们提出了如下建议:

● 有声散步——带儿童外出,让他们注意倾听周围的声音,如交通噪音、鸟鸣、头顶上的飞机声等。

● 猜测乐器的名称——把乐器放进一个包里发声,或者播放有关声音的磁带,让儿童听声音猜测是什么乐器。

● 语音游戏——玩声音游戏,例如发出"啾"、"啊"、"嘘"的声音——儿童以后就会把这些声音变成音素。

● 押韵和节奏——尽量给儿童提供操练押韵和节奏的机会,如儿歌、歌曲、舞蹈游戏——让儿童猜测一首歌里的下一个单词或短语是什么。

● 挑选不合群者——运用押韵的词如"say"、"hay"、"gay"、"may",然后加入一个不押韵的词——发生这种情况时儿童应当有所表示。

● 字母表中的字母——给儿童熟悉字母表中字母的机会,可以通过歌曲、书籍和磁性字母等。

来源:改编自 Grahame and Kelly(2000),第 89 页

我们已经非常简要地了解了语音教学法的概况。有关语音教学法这个主题的信息非常多,为了提高学校的教育水平,这个主题一直都是英国政府日程安排的中心。可以说你肯定需要进一步探索这个主题,才能满足你的工作职责的需要。你需要了解早期教育中支持儿童的方法,以培养儿童对语音和文字的敏感意识。

为以英语作为额外语言的儿童提供帮助

珍妮·赖利和大卫·里迪(Jenni Riley and David Reedy)确信,要有效地学习第二语言,需要满足两个条件。它们是:

● 第二语言必须以已经学会且保持良好的第一语言为基础。

● 第一语言要受到尊重,而且受到鼓励。

他们认为,实践工作者应当持有积极态度,努力创设一种积极的、支持性的氛围。

 **良好行为清单**

支持儿童发展另一门语言

◆ 通过观测和评价,了解一名儿童已会做什么。
◆ 计划下一阶段的学习。
◆ 把语言支持融入教育环境中,只有这样做才有意义。
◆ 帮助儿童形成安全感。
◆ 让儿童相信,他们的第一语言受到重视。
◆ 积极促进第一语言发展——在重大事件中,邀请儿童的亲戚朋友来做口译。
◆ 把课堂使用的书本和儿童喜爱的故事翻译成双语文本。
◆ 利用戏剧、手指玩偶和故事图板来刺激语言的视觉学习。
◆ 请家长把故事用其母语读给儿童听,这样他们就会对学习一门新的语言所面对的风险有所了解。
◆ 让儿童参加班级所有活动。
◆ 开展分类和配对游戏。

在学习一门新的语言的最初阶段,珍妮·赖利和大卫·里迪表示:
● 儿童将会有一个沉默的阶段,这个阶段的交流是通过手势即非言语交流进行的。
● 儿童将逐步把两个单词放到一起以表达思想,如"me too"(我也是)、"go away"(走开)。

儿童要流利地说一门新的语言可能要花两年时间,而且只有在支持性的环境下才能完成。如要精确地使用语言,所花的时间会更长。

诵读困难

诵读困难(Dyslexia)是儿童面临的最常见的挑战,在西方世界估计发生率为5%。世界神经学联盟(the World Federation of Neurology,1996)把诵读困难定义为:

儿童虽然经历了传统课堂培训,但却没有掌握与他们的智力相适应的阅读、书写和拼写等语言技能,这种混乱称为诵读困难。

来源:www.nfneurology.org./wfn

这个定义似乎非常消极,可能对有诵读困难的儿童家长产生困扰。

也许你在某一阶段曾经接触过有诵读困难的儿童(或者将来会接触到),也许你本人就有诵读困难这个问题。所以我们有必要考虑发生诵读困难的可能原因,以及诵读困难对儿童学习可能产生的后果。

"Dyslexic"(有诵读困难的)这个单词来源于希腊语单词——"dys"(在某方面有困难)和"lexis"(单词)。发现儿童有诵读困难频率最高的场所就是学校,这个时候儿童发现阅读简直是一种挑战,或者更早些时候他们在玩文字游戏或者押韵单词游戏的时候就会发现有诵读困难。表3-8显示了诵读困难的一些特点,以及诵读困难可能对学习产生的影响。

表3-8 诵读困难的特点

特　　点	儿童学习受到什么样的影响
语音困难	儿童分解单词的时候有困难,儿童把语音和单词联系起来的时候遇到挑战
视觉回忆受限	有些有诵读困难的儿童视觉记忆很差,因而不能回忆单词;拼写和书写也可能是一种挑战
排序困难	儿童经常把数字和单词的顺序搞错,对分清左右仍有问题,因为所有这一切让他们迷惑不解
语言加工	一些有诵读困难的儿童在这个领域遇到困难——他们可能会发现很难回答问题,尤其是有时间限制的时候
方向定位	空间关系是一种挑战,有些儿童没有区分左右的能力,左右这个问题让他们彻底困惑

尼科尔逊和福塞特(Nicholson and Fawcett,1990)认为,诵读困难的关键是儿童在说话方面很早就遇到问题。他们指出,这样的儿童很小的时候,就很难正确重复单词。表3-8提到的特点说明儿童学习语音有困难。

然而,事情并没有这么绝对,每个儿童都不一样。

 请思考

你所在的教育机构中肯定也有支持儿童的策略。你认为哪些策略是帮助有诵读困难的儿童的?

你也许想做进一步的研究,那么你可以从诵读困难研究所(www.dyslexiainst.org.uk)得到更多的信息。

小　结

本章首先考察了一些理论观点,如行为主义、先天学派、语义学派和互动学派,以探讨儿童如何学习说话。我们阐述了维果斯基和皮亚杰在语言习得方面的一些思想。我们发现儿童习得语言有赖于一系列复杂的因素:先天的学习语言的能力,很小的时候就得到成人帮助以便于模仿并进行安全会话。布鲁斯提到的"关联学派"的研究,就很好地描述了这一点。我们探索了支持早期语言和语言的语境化发展的现代框架。为了帮助你观察并记录儿童的语言发展,我们讨论了观察的适当形式。在儿童早期读写发展过程中,他们很早就使用符号,为此本章又讨论了书籍和故事在语言发展中的作用。

有些早期教育人员所面临的一些挑战,恰恰是我们通过环境、周围文字的实例刺激儿童早期读写技能的方式。你需要了解语音法的早期输入,所以我们也简要地探讨了这一点。为了说明什么是支持,我们还探究了这两个领域的好的做法。本章还讨论了如何支持儿童再学习一门语言,并简要地分析了诵读困难及其可能带来的挑战。

在语言习得以及支持儿童度过这一发展和技能的关键期方面,有关文献资料浩如烟海。我们仅仅简单地涉足这个领域,就可以得出结论,只要儿童在早期有很多互动和良好关系的刺激,他们就能够承担起学习说话、阅读和书写的重任。你对儿童的这些发展起着关键作用,需要拥有恰当的资源和技能来激发和鼓励他们。我们所了解的很多研究都显示,倾听儿童说话至关重要。毕竟,我们期待他们听我们的话!

检查你的理解

1. 行为主义的语言观是什么?
2. 在儿童早期语言发展中,教养的作用是什么?
3. 语言习得机制的意思是什么?
4. 语言习得支持系统的意思是什么?
5. "中空容器"这个术语的意思是什么?
6. "母亲语"和"父母语"的意思是什么?有什么用处?
7. 布鲁斯认为语言发展的关键部分是什么?
8. 列举三个支持记忆技巧的方法。
9. 互动派理论是什么?
10. 片段记忆是什么?
11. 过程记忆是什么?
12. 举例说明符号的运用。

13. 说出观察语言的两种方式。
14. 语言的语境化和去语境化的差异是什么？
15. 举例说明如何运用文字刺激早期书写技能。
16. 至少举出四个例子，说明你如何支持儿童发展语音意识和书写意识。
17. 列举有诵读困难的儿童面临的至少三种挑战。

参考文献

Abbott, L. and Moylett, H. (2003) *Working with the Under-Threes: Responding to Children's Needs*, Open University Press
Adams, M. J. (1990) *Beginning to Read: The New Phonics in Context*, Heinemann
Bloom, L. (1973) *Language Development: Form and Function in Emerging Grammars*, MIT Press
Bruce, T. (2001) *Learning Through Play*, Hodder & Stoughton
Bruce, T. (2004) *Developing Learning in Early Childhood*, Paul Chapman Publications
Clay, M. (1979) *The Concepts About Print*, Heinemann
Curtis, A. and O'Hagan, M. (2003) *Care and Education in Early Childhood*, Routledge Farmer
DfES (2000) *Curriculum Guidance for the Foundation Stage*, QCA (QCA Orderline, PO Box 29, Norwich NR3 1GN, 08700 606015, ref. QCA/00/587; www.qca.org.uk/160.html)
DfES/Sure Start (2002) *Birth to Three Matters: A Framework to Support Children in Their Earliest Years*, DfES (DfES Publications Centre, PO Box 5050, Annesley, Nottingham NG15 0DJ, 08456022260; or download from www.standards.dfes.gov.uk/primary/publications/foundation_stage/9400463)
DfES (2005) Education and Skills Select Committee's enquiry into the Teaching of Reading (2005), Memorandum submitted by the DfES (Summary page of full paper); www.standards.dfes.gov.uk/primary/features/literacy/1174785/pns_nls0605evidence1.doc
Donaldson, M. (1978) *Children's Minds*, Fontana Collins
Gopnik, A., Meltzoff, A. and Kuhl, P. (2001) *How Babies Think: The Science of Childhood*, Phoenix
Grahame, J. and Kelly, A. (ed.) (2000) *Reading Under Control*, David Fulton
Schaffer, H. R. (2004) *Social Development*, Blackwell

Maslow, A. (1962) *Towards a Psychology of Being*, Van Nostrand

Nicholson, R. I. and Fawcett, A. J. (1990) "Automacity: a new framework for dyslexia research", *Cognition*, vol. 30, pp159–82

Riley, J. (2003) *Learning in the Early Years: A Guide for Teachers of Children Age 3—7*, Paul Chapman Publications

Riley, J. and Reedy, D. (2003) *Learning in the Early Years*, Paul Chapman Publications

Riddall-Leach, S. (2005) *How to Observe Children*, Heinemann

Pinker, S. (1999) *Words and Rules: The Ingredients of Language*, Wiedenfeld & Nicolson

Smith, P., Cowie, H. and Blades, M. (2003) *Understanding Children's Development*, Blackwell

Stern, B. (1990) *Diary of Baby*, Penguin

Vygotsky, L. (2000) *Thought and Language* (revised and edited by Alex Kozulin), MIT Press

Whitehead, M. (1999) *Supporting Language and Literacy Development*, Open University Press

Ward, S. (2004) *Baby Talk*, Arrow

有用的网址

www.dyslexiainst.org.uk – Dyslexia Institute

www.afasic.org.uk – Association for All Speech Impaired Children (AFASIC), 347 Central Markets, Smithfield, London EC1A 9NH

www.nasen.org.uk – National Association for Special Needs (NASEN)

www.earlychildhood.org.uk – Early Childhood Unit

www.standards.dfes.gov.uk – Department of Education and Skills standards site

第 4 章
儿童的关系

导 言

为了更好地理解儿童,本章将探讨儿童与他人建立关系的方式,并聚焦儿童关系的相关理论,从而将理论与实践联系起来。作为早期教育人员,你的实践受到这些理论家的著作及其研究发现的影响,明白这一点非常重要。

早期教育人员应当尽可能深入地理解儿童——他们的个体需要、发展、兴趣、行为和文化背景。深入地了解儿童在社会上如何定位、如何建构早期关系,对你而言非常重要。因为有了这些知识和理解,你就可以帮助儿童及其周围的成人,与他们亲近的人、与更广阔的世界之间建立关系和进行互动,并从中获得最大收益。

本章包括以下内容:
- 作为社会人的儿童
- 建立最初的关系
- 友谊的出现与亲密关系的发展
- 关键教养员方法
- 移情

本章涉及的理论家和研究者有:
- 让-雅克·卢梭,第 96 页
- 西格蒙德·弗洛伊德,第 96、120 页
- 阿尔伯特·班杜拉,第 96 页
- 列夫·维果斯基,第 97 页
- 杰罗姆·布鲁纳,第 99 页
- 让·皮亚杰,第 96 页
- 约翰·鲍尔比,第 104 页
- 玛丽·安斯沃思,第 108 页
- 朱迪·邓恩,第 115 页
- H.鲁道夫·谢弗,第 102 页
- 埃莉诺·戈德斯米德、比德·艾尔弗尔和多萝西·塞莱克,第 118 页

作为社会人的儿童

儿童如何通过社会互动学习

在实践中,你有时也许会感到奇怪,为什么有些儿童能够交到朋友,和其他儿童相处融洽,而有些儿童却难以与他人相处,常常内敛或者对其他人有攻击性。为了考察这一点,我们不妨首先看看儿童的交往世界,以及儿童及其周围的成人在这世界中扮演的角色。

成人和儿童的区别,一直到15世纪的某个时候才得到承认。直到这个时候,儿童才被描述成"儿童"。后来,直到19世纪,学校教育在欧洲成为义务教育,才引入"童年"这个具体范畴,人们开始对童年这个时期产生兴趣,把童年和成年区分开,并把童年当作值得进一步研究的领域。关于童年的观点至今仍在变化之中,我们现在把这个阶段划分为:女孩和男孩、婴儿、学步儿、学龄儿童、13—19岁的青少年(teenagers),更细的分类随时都在产生。例如7—12岁者(7—12岁者已经拥有了13岁以后的青少年的倾向,例如已经拥有手机,会购买名牌衣服)。研究和理论争论的很大部分是关于儿童如何在社会中定位,以及哪些因素会影响这一定位。

请思考

请思考我们在社会上对待儿童的种种假设。例如,20世纪50年代成长起来的儿童和21世纪的儿童的童年就很不一样。想一想,你的童年和今天儿童的童年可能有些什么差异?情境如下:
- 带儿童外出,到餐馆就餐。
- 儿童在医院里如何治病。
- 成人看待儿童观点的方式。

你可能注意到,与过去相比,今天在公共场所接纳和欢迎儿童的方式是不同的,人们更乐意倾听儿童的观点和想法。

你认为为什么会发生这种变化?

很多重要的、有影响的理论家已经考察了儿童与家人、朋友和外部世界的关系。他们的结论构成了我们今日与儿童相处的基本原理。

下面(见表4-1)简要地总结了你在考察儿童社会性发展时需要关注的一些重要理论和理论家。

表 4-1 有关社会性发展理论

理 论	简单描述
浪漫主义思想家	浪漫主义思想家在他们的时代具有革命性。他们认为儿童应当自然发展,不应当被强迫发展成现在成人的样子。他们重视儿童的天真、自然,认为如果社会让儿童远离天性,就破坏了这一点。现在仍然被引用的、最有影响的理论家是让-雅克·卢梭——18世纪以来的法国哲学家
精神分析理论	西格蒙德·弗洛伊德的理论受到广泛阅读,影响触及社会的各个方面。他认为儿童能够自我满足,受原始冲动的推动而自行其是,而这一阶段之后就是自我,这个时候儿童与外界建立了联系并能实施自我克制。他说父母有义务确保儿童理解社会规则,而儿童的超我即由此产生。弗洛伊德相信,早期经历是不可逆转的,童年时期就是这三个阶段之间的痛苦挣扎。最近的很多研究者都反对他的儿童发展理论,但是他的研究确实突出了考虑儿童头脑中的情感问题的必要性以及潜意识的作用
社会学习理论	阿尔伯特·班杜拉强调学习过程,相信儿童的学习方式是观察恰当的榜样并模仿榜样的行为。他和行为主义者一样,认为所有的学习都是可以观察的。他进行了大量的实证研究,最著名的是波波玩偶实验(Bobo doll experiment)。起初,他认为儿童会模仿他们见到的成人所做的一切——但他后来承认:儿童也有帮助他们选择要模仿什么的内部机制
皮亚杰理论	皮亚杰的理论完全是关于认知功能的,他几乎不关注社会因素。他的理论就是"阶段理论"。然而他却改变了人们关于发展本质的看法,让我们知道儿童不仅仅是一个小大人

弗洛伊德的理论还将在第 5 章的第 141 页进一步讨论。

皮亚杰的理论已在下列章节中讨论过:

● 第 2 章"儿童如何学习",第 36 页。
● 第 3 章"儿童的交流",第 68 页。

通过社会互动学习:成人的角色

让-雅克·卢梭(Jean-Jacques Rousseau)是第一批"浪漫主义"思想家之一,他相信儿童有天然的游戏能力,因此更接近真正的自由,因为他们没有受到社会和文化的影响。他还认为儿童来到这个世界已经是"预成型"(preformed)的。用"预成型"这个词,他的意思是说儿童人格的各个方面都已经确定。因此他感到,父母对儿童人格形成所能做的事情微乎其微,他们对培育儿童应该采取的态度是自由放任(laissez-faire)(不要干预,任其发展),以便他们能够充分地实现潜能。卢梭(引自 Schaffer,1996)宣称:"出自造物主的东西都是好的。而一到了人的手里,就全变坏了。"

在卢梭之后,诸如裴斯泰洛齐(Pestalozzi)、尼尔(A. S. Neill)、福禄倍尔(Froebel)等教育家都采纳了类似的儿童观建立学校,并采用"非结构化"方法,给儿童探索自己兴趣和思想的完全自由。这被描述成"自由放任学习模式"(laissez-faire model of learning)。

福禄倍尔的儿童游戏理论还将在第 6 章的第 147 页进一步讨论。他的思想对森林学校的影响见第 1 章中第 31 页的论述。

 **请思考**

请考虑卢梭的观点，但要注意他是在 18 世纪提出的。你对"自由放任"法有什么看法？你也许还想探究方法类似的福禄倍尔和裴斯泰洛齐的著作。

列夫·维果斯基是俄国著名的理论家。他着力探究儿童的认知发展，这也使他自己认识到，儿童的社会互动对他们的认知发展有影响。儿童一来到这个世界，就被急切地想帮助他们学习的成人所包围，这让维果斯基非常感兴趣。他相信，儿童生来就有倾听和记忆的能力，而且受到成人以及与他人关系的滋养——教师、早期教育人员和朋友——这就在儿童身上发展了更高的智力技能。他表示，社会互动，尤其是与成人的社会互动，有助于儿童发展思维、解决问题和发展语言技能。他特别注意到最近发展区是成人帮助儿童发展的基本方式，使他们从略知一二到更好地理解。最近发展区是一个敏感阶段，即儿童向成人寻求帮助和指导的阶段。（"最近发展区"理论见第 2 章，第 50 页）

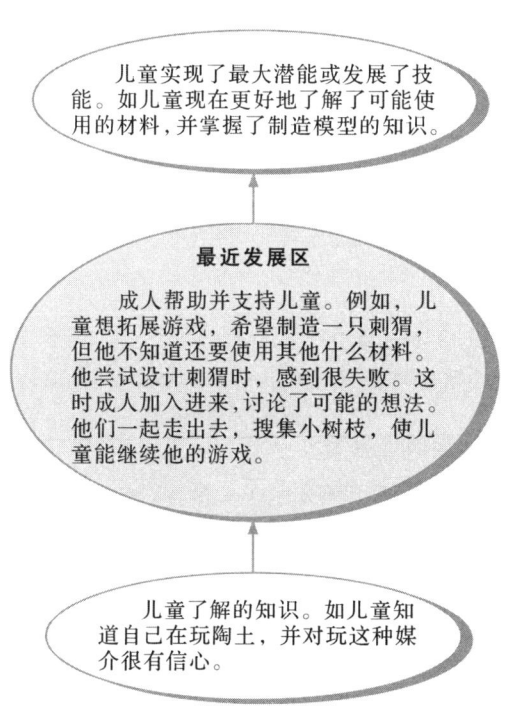

图 4-1　维果斯基的"最近发展区"理论

维果斯基发现,可以利用最近发展区,通过与成人的互动来刺激儿童的思维技能发展。下面的"案例研究"表明,有时候早期教育人员的干预非常重要。

案例研究

杰米和他的飞人

杰米是学前班的一名 4 岁孩子。最近,他们班进行了很多飞机和其他交通方式的研究。杰米非常喜欢这个主题,他与同伴根据自己的设计制作了飞机模型。他还把自己和妈妈在家里搜集的飞船和飞行器图片带来了。他在小组活动中绘制飞机图片,听取了人类第一架飞机的故事,观看了一些关于第一批飞机的电影片断。

在自由游戏时间里,教师注意到,杰米用黏土做了一个人的模型,并且努力给人的模型添加"翅膀"。在他用各种材料制作翅膀都没成功的过程中,他已经很有挫折感。他想把模型制作成他看过的故事和影碟里的样子——例如,材料的重量要轻。他的两个朋友加入进来,给他提出建议,并拿来各种材料放到桌子上,试图给黏土模型添上翅膀。

◆ 如果你是教师,你会怎么做?
◆ 你会如何参与这个制作活动,以帮助儿童实现他们的最大潜能?
◆ 你会运用哪些互动技巧来保证儿童从这次游戏机会中获益更多?

维果斯基强调,人际交流在学习过程中起到至关重要的作用,成人或者知识更丰富的同伴能够促使儿童发展成为思考者和问题解决者。

良好行为清单

成人干预

认可你的如下角色很重要:

◆ 与你照料的儿童开诚布公,以诚相待,建立相互信任的关系,这样他们就愿意向你求助,或者乐于让你参与到他们中间。
◆ 认清在哪个关键点干预能帮助儿童前进。
◆ 给儿童提问的机会;让他们辩论或分析不同观点,如"为什么人不会飞?"
◆ 给儿童提供时间拓展他们的想法,并相应地安排在正常的教学日程中。

上述好的做法不但能够鼓励儿童自由思考,还能帮助儿童建立基本认知结构——通过理解来学习。维果斯基还倡导充分利用同伴指导(peer tutoring)。为了支持儿童学习,儿童需要一名年龄稍大的同伴的陪伴,这名同伴不必有十分超前的发展。他认为,这种交流的结果就是让双方儿童都发展了技能。如在最近发展区,已经掌握方法的儿童,可以帮助同伴把拼图游戏中的图片拼起来。

 **请思考**

请思考你看到的儿童用这种方式交流的情况。
- ◆ 你所在的教育机构中,是否使用同伴指导这种方法?
- ◆ 如果使用,能否给出你观察到的或者听到的正面的结果,例如因为儿童和同伴一起努力,所以他理解了以前不曾理解的东西?

由此可见,通过儿童之间的关系来帮助儿童学习,有利于儿童理解社会。而理解社会是合作和沟通的前提。

维果斯基的理论还在下列章节里讨论过:
- 第 2 章"儿童如何学习",第 49 页。
- 第 3 章"儿童的交流",第 68 页。
- 第 6 章"儿童的游戏",第 151 页。

杰罗姆·布鲁纳对维果斯基的工作具有浓厚的兴趣,尤其是维果斯基关于成人角色和成人与儿童互动促进儿童发展的研究。布鲁纳和他的同事讨论了"鹰架"思想(参见第 2 章,第 55 页)。这是其他人帮助儿童学习、反思事情的角色,不通过与其他人的关系就无法实现。成人或者"专家同伴"(一个年岁更长、经验更丰富的同伴)能够:
- 保持儿童的兴趣和信任——鼓励儿童相信自己的能力。
- 做行动的榜样——换言之,就是向儿童展示如何做某事。
- 提示一个解决问题的策略——也许是把大的任务分解成可以解决的小任务。
- 保持儿童的动机——鼓励他们继续前进。
- 通过讨论、协商、回答问题,鼓励儿童达到更高的理解水平。

这种搭建鹰架的行动可能在儿童很早的互动时就进行了。例如在儿童初次试图说话的时候,母亲可能搭建鹰架来帮助孩子表达自己的感情。她可以鼓励孩子联系其他事情来解释自己对某事的感受,这就有助于激发孩子表达自我。

案例研究

米纳和她的妈妈逛商店

米纳3岁了。她和妈妈逛商店的时候,一只很大的阿尔萨斯狗跑过来跳到她身上。其实,狗只是想表示友好,和她打招呼,但是米纳的反应却是慌乱和哭泣。第二天上午,她向日托所的工作人员回忆了当时的情形,并解释了自己的感受。她说:"狗跳到我身上,还有它……(边哭边说)……我哭了。"

她的妈妈为了鼓励米纳说下去,问道:"那条狗很大吗——是不是比你还高?"米纳回答说:"是的,有这么高。"(边说边用手指着她妹妹的折叠式婴儿车)

她的妈妈接着问:"这让你感觉怎么样?"米纳回答说:"我被吓坏了,我哭了,因为……"她的妈妈插话说:"因为狗比你大?"米纳说:"是的,它很大,大很多……我小。"

换成你,你会如何给儿童的这次经历搭建鹰架?
你下面可能会对这个孩子说什么?
你会如何好好利用这个经历帮助儿童?

布鲁纳的理论还在如下章节讨论过:
第2章"儿童如何学习",第54页。
第3章"儿童的交流",第69页。
第3章中的"支持早期读写",第83页。

社会中的儿童

儿童赖以成长的社会类型也会影响儿童与他人的关系。儿童并不像我们想象的那样只受父母影响,尽管父母非常重要。他们受到周围一切存在的影响——朋友、学校和社区。怀亭(Whiting,1986;引自 Schaffer,2005)的研究比较了世界不同地方的20个社区。他们发现儿童和成人共同度过的时间长短各不相同,这有赖于诸如经济状况、家庭生活模式等因素。

- 在博茨瓦纳的喀拉哈利沙漠,他们发现昆布须曼人(Kung bushmen)过着游牧的生活,他们养育儿童的环境就是家庭集团小圈子。儿童与同伴玩耍的机会十分有限,他们大部分的社会互动都是与成人和家庭成员(如兄弟姐妹和表兄弟姐妹)进行。
- 在挪威北部的独立农场,他们发现儿童整天都和家人在一起。上学的时候,学生人数也很少,因此是混合年龄群体的教育。年龄稍大的儿童负责监管社区里年龄更小的儿童。
- 在中国和日本,人们强调的是群体归属和合作。因为在那里,父母都得工作,儿童更常和同伴在一起,他们可能在托儿所和幼儿园里度过很多时间。

- 在以色列的集体农场里,他们发现儿童从一开始就不和父母生活在一起,而是和自己的同龄人生活在一起,由看护者照看。这些儿童被鼓励发展合作技能,致力于追求集体目标,而不是追求自己的雄心大志。

 **请思考**

请考虑并研究不同文化,然后回答下列问题:
◆ 如果这些儿童到了你所在的教育机构中,建立关系是否有困难?
◆ 你为儿童提供的建议是否有不同的文化背景?如果有,是什么?
◆ 如何让来自多元文化背景的儿童在你的教育机构中交朋友?

儿童友谊中是否有文化差异

毫无疑问,儿童的成长过程及其生长环境,会对其社会行为产生重要影响。培养儿童的文化千差万别,但是,这些文化对儿童交朋友会产生什么样的影响目前还不清楚。

朱迪·邓恩(Judy Dunn, 2005)的研究显示,虽然很多国家都有关于友谊的研究——例如中国、冰岛和德国——但是绝大多数研究都表明,我们对此知之甚少。很难把不同的复杂文化下的友谊进行比较,因为需要考虑的因素太多。多兰·弗伦奇等人(Doran French et al.)在2003年(引自Dunn, 2005)开展了一项针对美国人和印度尼西亚人友谊的研究,他们发现两者有很多相似之处。

- 儿童从小就喜欢相互为伴,并保持亲密关系。
- 有类似的证据表明,他们还相互攻击。
- 儿童在交友中显示出类似的社交喜好和友谊。

但是,他们发现儿童保持友谊的方式有些差异。例如,印度尼西亚的儿童鲜有缺乏朋友、孤独或被朋友抛弃的;但是在美国,被朋友排斥或者自己脱离朋友圈,却时有发生。这就充分说明,我们要对文化的复杂性进行研究后,才能理解儿童友谊的细节。

建立最初的关系

早期互动和依恋理论

儿童在早期与父母、祖父母、外祖父母、看护者、兄弟姐妹、同伴、教师还有其他人建立很多不同的关系。但是儿童和母亲建立的最初关系一直是人们致力研究的主题。我们倾向于相信,和母亲建立的这一最初关系可能终生影响儿童与他人的关系。研究这项特别的关系,我们需要考虑如下几个因素。

- 婴儿——面对面交流,手势,或儿童与成人之间共享话题。
- 错过早期关爱关系可能产生的影响。
- 依恋(attachment)——儿童对形成最初依恋的能力和需求。
- 陌生情境(the strange situation)——一种测评依恋关系安全与否的研究方法。

H. 鲁道夫·谢弗(Schaffer,2005)是发展心理学家,他整合了儿童社会性发展的很多研究成果。他指出儿童建立的最初关系依赖于成人,也依赖于他们与成人的合作关系,因为婴儿难以把自己的行为调适得与另一个人一致。谢弗以表4-2来说明父母和婴儿互动的阶段。

表 4-2 父母—婴儿互动的阶段

阶 段	开始的年龄 (以月为单位)	发展任务
1. 生物调控	0	调整婴儿的生物进程,例如喂食、唤醒/睡眠状态,并让婴儿与父母的要求和谐起来
2. 面对面交流	2	在面对面的状态下调整双方的注意和反应
3. 主题共享	5	把物体加入到社会互动中,确保双方(成人和婴儿)对物体的共同注意和共同动作
4. 双向互动	8	启动对他人的有目的的动作,发展更多灵活对称的关系
5. 符号表征	18	在与他人建立关系、回应社会交往方面,发展言语方式和其他符号方式

来源:Schaffer(2005),第110页

你将如何支持这种父母和婴儿的关系?你可能照顾着年龄很小的孩子,并在这些阶段支持其母亲。每个阶段对母亲和孩子意味着什么?为了更好地理解如何支持这种最初关系,下面对母亲和提供支持的早期教育人员提出了一些建议(见表4-3)。

表 4-3 如何支持最初关系

年 龄	父母—婴儿互动的五个阶段	帮助家长的方式
0个月	生物调控(biological regulation)——桑德(Sander)等的睡眠研究(1979),被谢弗(Schaffer, 2005)引用	支持母亲确立婴儿的良好常规,并为婴儿养成良好睡眠模式创造机会。在出生的第一周时间内,有些婴儿已经形成了睡眠模式,睡眠最长时段在夜晚。在给婴儿喂哺的时候,母亲就有机会和婴儿建立联系,和婴儿说话,并直接进行面对面的接触

续表

年　龄	父母—婴儿互动的五个阶段	帮助家长的方式
2个月	面对面交流 (face-to-face exchanges)	儿童视力大幅提高——他们的知觉更好,现在可以进行直接目光接触。这种面对面交流的机会可以安排在不同时间进行,婴儿的最初笑容就是由目光激发的。婴儿现在清楚了母亲和他(她)打招呼的方式
5个月	主题共享 (topic sharing)	婴儿到了5个月大的时候,就可以鼓励他们抓、握物体,一来可以给他们提供刺激,二来可以娱乐他们。婴儿也能把注意力从母亲身上转移到玩具和物体上。母亲可以参与并进行主题共享,方式是目光随着婴儿的目光转移,和婴儿一样对那个特别的玩具和物体产生兴趣。母亲使用的这一步骤被称为"视觉协同导向"(visual co-orientation)。婴儿也能转移自己的注意力,新生儿的"恋学"(study fixation)似乎在3个月左右有所削弱
8个月	双向互动 (reciprocity)	婴儿有了很多新技能。婴儿能够指向并沿着成人的指向看去。就是在这个时候,婴儿能够玩游戏,例如躲猫猫和拍手游戏。婴儿能够把母亲给他(她)的玩具递回去。在这个阶段,母亲或者看护者需要和婴儿玩很多游戏,婴儿将能够"回应"
18个月	符号表征 (symbolic representation)	到18个月或者更早些时候,孩子就能够与母亲和他人交流了。他们使用手势这种非言语交流形式,例如耸肩,也可使用口语方式交流,来表达自己的需求。母亲最好能知道孩子的意思。如果见到一个此前未曾见过的物体,孩子就会看看母亲或者熟悉的成人,注意他们的表情有什么表示——这被称为"社会交往参照"(social referencing)

 **请尝试**

请注意谢弗描述的婴儿和母亲的最初互动阶段。对婴儿在如下某个阶段中与母亲的亲密互动进行一系列观察:6个星期、2个月、5个月、8个月或18个月。

◆ 你是否看出了父母——婴儿互动的一个阶段?你是否看到了面对面交流、主题共享、双向互动、交往参照的例子?

◆ 将表4-3中的阶段理论用于你的结论——你对该婴儿的建议是什么?

你会发现,这个理论的确适用于你所观察到的发展阶段。你可能已经建议母亲和孩子有更多的机会操练这些技能,以便巩固这种特别的关系。

依恋:儿童对形成最初依恋的能力和需求

依恋被定义为与某个具体个人的长期的、有意义的情感联系(Schaffer,2005)。依恋理论是发展心理学的主要研究焦点之一。

父母有天然的强烈情感和接近儿童、关照儿童、保护儿童的强烈欲望,结果是儿童在父母的保护下就有安全感。约翰·鲍尔比(John Bowlby)是依恋问题的最前沿权威之一。

鲍尔比曾为世界卫生组织工作,是研究第二次世界大战后孤儿的精神健康需要的精神病医师。在他的整个研究中,鲍尔比注意到了与看护者分离对这些儿童所产生的影响。在理解儿童与他们的主要看护者之间关系的尝试中,鲍尔比继续关注儿童与成人建立关系、与建立关系的成人分离的反应,这就构成了他的依恋理论。鲍尔比发现依恋关系有四个阶段。

● 前依恋关系:0—2个月,儿童对所有成人都有交往反应。

● 依恋关系建立:2—7个月之间,儿童开始识别熟悉的人。

● 清晰的依恋关系:7—24个月之间,儿童经常反对与父母分离,对陌生人有警惕感,并让别人知道自己的感受。

● 目标修正的同伴关系:从24个月以后,儿童开始理解父母的需求,他们的关系更加双边化。

儿童在大多数情况下都会和父母建立这种依恋关系。鲍尔比在自己的研究中还发现,儿童在大约七八个月的时候开始想念自己的父母。这个时候,对陌生人的惧怕感也开始出现,对待陌生人的方式是警觉或者回避。鲍尔比称之为"分离焦虑"(separation anxiety)或者"分离痛苦"(separation distress)。他认为,婴儿天生就有一种和一个人建立依恋关系的倾向,这个人通常就是母亲,所以他把这个称为"单一性"(monotropism)。他告诉我们,婴儿的天性是只能建立一个这样的特别关系。但是这一点被更多的新研究证明是错误的。谢弗和埃默森(Schaffer and Emerson,1964a;引自 Schaffer,2005)研究了 60 名新生儿在前 18 个月的生活,发现几乎有三分之一的被研究者都建立了不止一个依恋关系;而到了 18 个月,大多数婴儿都与不止一个成人建立了依恋关系。

 **案例研究**

伊菲俅儒

伊菲俅儒(the Efe pygmies)是中非扎伊尔的半游牧民族。这个部族的儿童在出生后一岁之内有很多看护者,因为他们的母亲要干活。其他妇女可能抱起孩子,放到自己的胸前,而是否哺乳都无关紧要。婴儿几乎总是以亲密接触的方式被拥抱。研究者发现,这个部族的儿童有安全幸福感,怀有强烈的群体认同感,这在他们的特别环境中非常有用。

来源:Tronick and Morelli (1992);引自 Schaffer(2005),第 136 页

- ◆ 在这样的环境中,为什么强烈的群体认同感非常有用?
- ◆ 在我们的社会中,如果一名儿童受到多人照料,有什么缺点?
- ◆ 对婴幼儿而言,亲密接触有什么优点?
- ◆ 你能想象一下,运用这种养育儿童的方式来照料你正在关照的儿童吗?

鲍尔比依恋理论的主要特点

- ◆ 儿童对小部分成人的亲密关系表现出明显的偏好,这种依恋关系是儿童发展正常的、普遍存在的成分。
- ◆ 婴儿需要建立依恋关系,并非主要为了依恋关系带来的食物,还为了舒适和安全感。
- ◆ 可以选择除了母亲之外的其他个人建立依恋关系。主要依恋对象未必都是女性。
- ◆ 母亲一天可以离开孩子好几个小时,但是仍然和孩子保持原来的关系,给孩子提供舒适和安全感。
- ◆ 如果对孩子作出敏感反应的成人不在孩子身边,孩子就会思念他们。
- ◆ 依恋行为是婴儿与已有依恋对象进行身体接触的行为。当婴儿感到惧怕时,依恋行为就会增强;当婴儿感到安全时,依恋行为就会减弱。
- ◆ 随着婴儿的长大和成熟,对依恋对象的需求就会减弱。但是,当我们面临压力和焦虑、追求舒适和放心的时候,依恋行为就会继续。
- ◆ 我们在婴儿时期的个人依恋经验终生影响我们的最亲密关系。

 **请思考**

请考虑一下不同年龄的孩子离开自己的母亲或者看护者的反应方式。如果一个 14 个月的孩子就要开始在你所在的教育机构中学习,你会有什么样的策略和准备?

然而,在你的实践中,你大概已经体验过儿童第一次与自己的主要看护者分离的不同反应。这可能让儿童和成人双方都心情沉重。这时依恋理论可以用来强化你的实践。重要的是,我们应根据具体情况来分析,把每一个孩子看作一个个体,因为这是他们第一次面临分别,所以需要采取一种同情的方式。

你可能已经想到了下面清单中列出的多种策略。

 **良好行为清单**

帮助刚入园的孩子

◆ 开展家访活动。在家中访问孩子及其父母。在熟悉的环境中认识孩子,有助于与孩子及其父母建立信任关系。

◆ 由父母填写的问卷可以让你了解孩子喜欢的玩具、把孩子放下来睡觉的方式、孩子喝水的频率、孩子特别喜爱的玩具或者安慰物、孩子睡眠的方式、孩子喜爱的食物和厌恶的食物、孩子特别喜爱的儿歌以及他们喜欢的拥抱和安慰方式等内容。

◆ 在刚开始时允许孩子把熟悉的东西带来,例如床单或毛毯、水杯或瓶子。

◆ 在父母有时间陪同孩子的时候,把父母和孩子邀请来参观园所,以此作为孩子适应环境的前奏。

◆ 父母在场的时候,给孩子探索园所环境的机会,以鼓励孩子熟悉环境。

◆ 对孩子适应园所采取渐进的引导方式。

◆ 对孩子进行解释、朗读故事,并要求父母朗读同一个故事。

◆ 把孩子熟悉的东西放到指定的地方——贴有孩子自己选择的图片的袋子或者盒子,上面也可以贴孩子自己的照片。

鲍尔比的依恋理论还将在第 5 章的第 140 页"儿童如何感受"中进行讨论。

第 4 章 | 儿童的关系

 请尝试

考虑了如何让孩子适应环境之后,请你设计一个问卷,向父母询问孩子的情况。请父母与你分享只有他们才了解的孩子的情况,并仔细地写下来。注意设计一个你喜欢,家长也乐于接受的格式——别忘了上面要写上"机密"字样,你要保证只有孩子的父母才知道这些内容。

身体亲近和依恋类型

谢弗在考察儿童如何建立最初关系的时候指出,有一种行为也是依恋关系的一部分,这就是婴幼儿表达感情的方式。新生儿完全是无助的,因此需要父母靠得很近、保护他们。谢弗认为依恋有如下特点。

● 选择性——婴儿会关注个体,尤其是父母,这种对关系的选择性并不见于他人。
● 寻求身体亲近——婴儿想要,也需要和建立了主要依恋关系的人保持身体亲近。这在所有高级动物身上都有体现。
● 安慰和安全感——当婴儿获得了身体亲近之后,就产生了安慰和安全感。
● 分离焦虑——这是当婴儿与母亲(或者主要依恋者)分离、无法实现身体亲近的时候产生的情绪。

谢弗认为,儿童在七八个月的时候,中心式依恋(focused attachment)明显起来,虽然他们在更早的时候就有了辨别熟悉的人的能力。到 6 到 12 个月的时候,婴儿就开始有理解人物永久性(person permanence)的能力,哪怕依恋的人不在身边,婴儿仍然"心向往之"(Schaffer,2005)。

 案例研究

劳 拉

劳拉 2 个月了。她刚刚睡醒,她母亲的朋友正抱着她。这个朋友和孩子讲话并把孩子抱在怀里,抚摸着孩子的脸,孩子的母亲在旁边忙着别的事情。劳拉高兴了一会儿,很快就生气了,大哭起来。朋友抱着她四处走动,给她唱歌,想哄她,可就是哄不好。孩子被抱给母亲后,哭声立刻就轻了很多,随着母亲给她唱歌,用手托着她的头抱到肩上,孩子的哭声渐止。劳拉的母亲告诉朋友:"你要是这样抱她,她就很高兴。她就喜欢这首歌。"

◆ 你认为劳拉为什么能从母亲抱她、给她唱歌的方式中得到更多的安慰?

◆ 这位朋友如果用更多的时间,是否可能仿效这种亲密的关系?
◆ 你认为劳拉是否还有其他途径认出母亲?如果有,是什么途经?
◆ 你认为劳拉是否已经和她的母亲建立了依恋关系?

陌生情境实验

玛丽·安斯沃思(Mary Ainsworth)在1978年和她的同事设计了一项实验或曰程序,来评价婴幼儿由依恋关系产生的安全感。从这些实验中,安斯沃思对早期互动关系如何建立有了更多的发现,她表示,儿童建立最早期依恋关系的方式将影响到他们未来的关系。她的研究一直以来引起了很多争议,很多人相信儿童和成人的性情也是其中有影响力的因素。安斯沃思开展了对儿童及其母亲的测试,进一步探讨儿童对成人反应的方式。

"陌生情境"(strange situation)实验按照如下方式展开。

陌生情境实验

下面的七个步骤在一个婴儿不熟悉的房间里展开,观察人员通过双向的镜子进行观察。每一个步骤持续约三分钟。实验的主要目的是了解婴儿每次如何反应;了解在每次分离之后,婴儿对母亲这个安慰来源的利用程度。

第一步:婴儿玩耍,母亲观察。

第二步:一个陌生人走进房间。陌生人首先保持沉默,然后和母亲交谈。接着陌生人和婴儿玩耍。

第三步:母亲离开房间,陌生人继续和婴儿玩耍。

第四步:母亲回到房间,如果需要就安慰婴儿。陌生人离开房间。

第五步:母亲再次离开房间,留下婴儿一个人。

第六步:陌生人再次进入房间,和婴儿玩耍。

第七步:母亲最后一次回来,根据婴儿的反应安慰婴儿或保持常态;陌生人离开房间。

请思考

想一想你所认识的婴儿。
- 你认为他们对这种实验会有什么反应?
- 你认为他们会不安吗?如果会,不安会持续多久?
- 你认为其中的原因可能是什么?或者说是什么原因引起了他们的不安?
- 如果一个婴儿对母亲的离去、陌生人的进入,并不感到不安和紧张,你会怎么看待这个婴儿?

如果你阅读过这些实验中的一个记录,你可能会发现这让人有些不安,因为婴儿经常变得很烦恼。在回答上面问题的时候,你可能已经想到,如果不是陌生的环境和不熟悉的地方,很多婴儿就不会烦恼。

安斯沃思认为,根据婴儿对这种实验的反应,可以将依恋划分为三种类型(见表4-4),后来又增加了类型D(不安/紊乱),但是人们经常提及的还是前三种类型。

表 4-4 三种依恋类型

类 型	婴儿在"陌生情境"中的行为
类型 A——不安型依恋——回避	婴儿好像回避与母亲的接触,尤其是在母亲离开房间并再次回到房间的时候。当婴儿被留下和陌生人在一起的时候,婴儿并非显得特别不安
类型 B——安全型依恋	婴儿好像希望靠近母亲,但未必要引起她的注意。在母亲离开时,婴儿就不安;在母亲回来时,婴儿就高兴
类型 C——不安型依恋——反抗	婴儿在与母亲分离的时候非常不安。母亲回来的时候,发现很难安慰婴儿;婴儿需要母亲的安慰,但同时又拒绝受到安慰

属于类型 B 的婴儿(在美国开展的绝大多数实验中,大约65%的婴儿属于这种类型),被安斯沃思认为在一生中更可能建立积极的关系。也有一些人对这种依恋理论提出了批评:
- 依恋可能不止这几种类型——婴儿对父母的依恋方式有更多。
- 文化差异——来自其他文化和社会的儿童,经常表现出其他依恋类型。这可能与特别的儿童养育情形有关,也与早期教育机构有关。所以有的早期教育对某些儿童来说可能更加让他们不安,而对另外的儿童却未必如此(Van Ijzendoorn and Kroonenberg, 1998;引自 Schaffer, 2005)。
- 这个实验的对象是非常小的婴儿,但对稍大些的孩子的进一步研究却很难有相同的方式进行评价和测量。

- 有很多因素影响依恋关系,使其在人生早期不断发生变化。例如,有的外在事件可能会改变母亲对婴儿需求的敏感度。

敏感度

安斯沃思说,因为母亲对婴儿回应的敏感度很高,所以婴儿在人生的头几个月就建立了安全关系。如果母亲没能如此回应,婴儿就会建立不安全的依恋关系。下面的"案例研究"显示了母亲对婴儿的具体回应方式导致了三种依恋类型。

案例研究

类型 A——不安/回避

夏洛特是一个 5 个月的婴儿,她的母亲认为她照料这个孩子已经做得够多了。她经常很疲劳,偶尔感到有些压抑,但是她总能保证夏洛特吃了东西,换了干净衣服。她喜欢在夏洛特安静的时候做家务,其实并没有时间和孩子一起玩。她感觉很难与夏洛特互动,不知道该和孩子做些什么。她宁愿夏洛特是一个男孩就好了。

类型 B——安全

穆肯德 8 个月了,他的母亲很乐意和他在一起。她会很快理解从孩子那里发出来的需求信号。例如,她能够识别孩子哭泣的某些类型,诸如"饥饿"或"需要拥抱"。有一天夜里,穆肯德醒了,她非常疲劳,但是她还是接受了他的正常日程的这个变化!孩子一醒来,她就尽量和孩子面对面地玩耍,鼓励孩子微笑和交流。

类型 C——不安/反抗

乔治 6 个月了,他的母亲自从有了孩子就不高兴,但是却有负疲感,认为自己应当做一个更好的母亲。她对乔治时好时坏,有时候她的睡眠被打扰,第二天就对孩子很不好。有时候她因为乔治的表现好而乐于给他一个拥抱,但有时候她确实也烦不了,因为乔治前一天晚上太难缠。当乔治哭泣的时候,她根本不知道乔治需要什么。

在考察这些案例的时候,你也许考虑了这些家庭生活中的其他可能因素,并考虑了对儿童可能产生的影响。母亲以这种方式回应自己的孩子,可能有外部原因,例如经济挑战和环境挑战,也可能她们正患有产后抑郁症。人们对这种理论提出了种种批评,因为人们感觉到还需要开展进一步研究来考量父母们的观点,上述研究也没有足够的证据来说明这些早期关系与儿童今后人生中的其他社会能力有联系。

1994年,埃莉诺·戈德斯米德(Elinor Goldschmeid)和她的同事开展的一项研究表明,从出生到三岁的儿童需要:

- ◆ 反应迅速地、充满爱心地关注。
- ◆ 积极自我认同的发展机会。
- ◆ 发展独立关系的机会。
- ◆ 在生活中受到人们无条件的接受。

来源:Goldschmeid et al.（2003）

虽然父母不能对孩子的每一个信号都作出回应,但显而易见的是,如果父母对儿童的需要具有情感上的敏感性,他们就能给儿童提供安全感,这种安全感使儿童在他们的人生中更具有社会交往能力。

最近的许多研究都表明,依恋可以随着时间的变化而改变,母亲可以随着年岁的增长而改变对儿童的态度,在不同的发展阶段表现出偏好。因为儿童出生时就是社会人,所以他们建立的依恋关系可能不止一个,因为他们的人生中有不止一个人照顾他们,所以他们就不会感到痛苦。维尔纳(Werner,1996;引自 Maynard and Thomas,2004)研究了一个高危儿童人群,直到他们成人。维尔纳说:"最重要的因素是儿童人生中有一个关系特殊的人物,对这个人物而言,儿童本身和他们的所作所为确实'很重要'。"

请思考

- ◆ 你能做些什么来促进这些早期关系的发展?
- ◆ 你应当如何利用儿童与父母的安全关系,来确保儿童在你的教育环境中感到安全?

你可能已经考虑过下述好的做法的一些思想。

良好行为清单

与婴儿互动

- ◆ 父母或者主要看护者是孩子的第一个教育者和照料者,所以要确保尊重孩子。
- ◆ 在如何照料婴儿方面,听取父母或者主要看护者的意见。例如,如何安排婴儿睡觉,哪些东西能够安慰婴儿,婴儿喜欢的歌曲和儿歌等。
- ◆ 对孩子的需求反应迅速,从父母那里了解孩子有关暗示的可能含义。
- ◆ 刺激与孩子的安全依恋关系——面对面互动、微笑和交流。
- ◆ 在分离初期,对孩子及其父母或看护者要善解人意,多加支持。

■ 友谊的出现与亲密关系的发展

我们已经考察了儿童如何通过建立最初关系而开始他们的人生,尤其是与他们的父母建立关系。我们认为,这种最初关系对儿童未来与他人建立关系至关重要。我们还考察了你能够为父母进行早期互动提供帮助的方式,以及儿童是如何在他们的人生中拥有这些早期体验的。我们将继续探讨儿童如何通过选择开始建立他们自己的关系,这是他们与另一个人建立早期亲密关系,最后产生友谊。

儿童在很小的时候就形成了一种自我意识。经受父母虐待的儿童会认为自己是没人爱的、没有价值的孩子。对其他人移情、开始关怀他人是心智发展的一个组成部分,儿童自己受到关怀的方式可能影响到他(她)的移情和关怀他人。我们下面要问的问题是:"儿童什么时候开始把自己看作是独立的人,开始欣赏另一个人的观点?"1980年,塞尔曼(R. Selman)列出了儿童理解自己和他人的发展阶段的表格。表4-5描述了这些发展阶段,并且给出了如何从实践的角度看待这个问题的例子。

表4-5 儿童了解自己和他人的发展关系的阶段

阶段和年龄	理解的类型	来自实践的例子
阶段0 3—6岁	在此阶段初期,儿童以自我为中心——万事万物都围绕着他们,他们不理解别人可能对一个情况持有不同观点。在大约14—16个月时会产生一次转变,儿童开始形成他们"喜欢"与"不喜欢"的观点	两岁的汤姆正和詹森在沙坑里玩耍。汤姆把沙子到处乱洒,这让詹森心烦意乱,因为他想坐在沙坑中间,这是他的想象游戏的一部分。成人解释说,汤姆的游戏对汤姆而言很重要,而詹森的游戏对詹森而言同等重要。汤姆显然不能理解詹森当时的感受

续表

阶段和年龄	理解的类型	来自实践的例子
阶段1 5—9岁	儿童开始认识到人们的观点各不相同,但是不能总是把这些观点联系起来	莉娜正在和成人浏览一本图画书。大卫走了过来,问她能否也让自己读一个故事。莉娜不高兴地说,成人已经答应给她读一个故事。成人解释说,大卫今天很不愉快,共享这段时光会使他高兴起来。于是莉娜说:"好吧,我想应该可以。"后来,当大卫要求和莉娜共用计算机的时候,成人再次要求莉娜理解大卫的情况。这次她没有同意而是离开了计算机
阶段2 7—12岁	这个阶段,儿童能够思考他人的观点,但是还不能同时考虑他人的观点与自己的观点	两个儿童在争吵:谁应当在学校的游戏中穿上牧羊人的红色衣服。成人向乔治解释说,本去年因为生病,没能穿上这件衣服。乔治想表示同情但是却很为难,因为他实在想穿这件衣服
阶段3 10—15岁	这个阶段可以同时思考不同的观点。儿童在这个时候能够明白其他人对自己的观点可能有的感觉	凯莉和莎拉在课堂上讨论谁应当成为篮球队队长。她们的观点刚好相反,但是却能够讨论自己的观点而不翻脸吵架,最终友好地达成协议
阶段4 15岁—成人	这个阶段人们能够对不同的观念进行比较,并能以抽象的方式概括社会观点	年轻人和成人对不同观点的意识是发展变化的,能够比较不同的观点。例如凯蒂和索菲(都是十几岁的人)讨论他们的政治观点。他们乐于倾听对方的观点,并且在讨论中引证了其他观点的优点和缺点

 **请思考**

想一想你在工作中理解儿童的例子。你可能希望考虑成人参与这个过程的方式。例如,成人如何在不使用强制措施的条件下,帮助那些处于早期阶段之一的儿童,理解另一个儿童的观点?

儿童在早期发展自己的技能,使自己与周围的人建立关系。正如我们已经讨论的那样,这源自他们最初的关系和他们的家庭环境。儿童也依赖于"归属感"。新西兰教育部

(1996,第 54 页)宣称所有儿童都需要归属感,因为"归属感有助于他们的内在幸福、安全感和认同感"。这种归属感不仅在家庭中非常重要,而且在幼儿园和学校里同等重要。与儿童一起度过时光的人(例如同伴、早期教育人员、其他成人)必须"需要"儿童并重视儿童。早期教育机构应促进并倡导这种归属感,给儿童提供相互之间互动和交朋友的机会。

友谊的构成是什么

关于友谊的构成,研究者之间有很多争论。作为早期教育人员,应当明确儿童之间学会相处的重要性以及儿童发展成为朋友的适宜性。

案例研究

柯斯蒂和艾米莉

柯斯蒂和艾米莉一同进入幼儿园,在此之前她们还一起上了幼儿学校。在幼儿园里她们总是待在一起,大多数时光都花在精心设计的想象游戏中。有时她们是城堡里的公主,正从恐龙跟前逃跑,躲到桌子底下。她们还经常在邮电局、茶馆的主题角一起游戏,扮演许多成人角色。人们都知道她们在探险中完全忘我,她们告诉其他儿童说:"请先离开,过一会儿再回来。"或者说:"也许你们可以明天玩。"她们完全投入到游戏当中,都知道并理解对方的想法。她们共同解决问题,创造新的游戏和场景:"我知道——你可以做婴儿,让我把你带到公园里。"

◆ 你是否会把柯斯蒂和艾米莉的关系看作友谊?
◆ 你认为她们相互之间学习了哪些技能?
◆ 你认为她们相互之间有什么共同点?

你可能认为这两个女孩的关系可以描述成友谊,肯定这也会被他们的父母认为是友谊。很明显两个女孩在合作并相互学习新的技能。两位女孩相互之间很熟悉,她们对想象游戏有共同的兴趣。

案例研究

和物体的关系

劳拉 2 岁 8 个月了。她从出生以来就一直拥有一只粉红色的柔软的小熊,她把这只小熊称为"小粉熊"。

劳拉正在卧室里玩耍，周围有很多玩具——她坐在地板上，双腿伸在前边，粉红色的小熊在她的胳膊底下。她一边假装向杯子里倒水，一边对小熊说："给你——这是给你喝的果汁，小粉熊。"她把粉红色的小熊抱在膝盖上，把杯子送到它的嘴边。"你喜欢吗？喜不喜欢？"她小声地问。

后来，成人和劳拉坐在一起，她的手指上有一个手指玩偶，正通过玩偶向劳拉说话："劳拉，能否给我一点儿果汁，就像你给小粉熊那样？"劳拉很严肃认真地看着手指玩偶说："不。"玩偶（成人）问她："为什么不行呢，劳拉？"劳拉轻声回答说："因为你没有嘴巴。"

◆ 能否说劳拉和粉红色的小熊建立了关系？
◆ 你如何描述这种关系？
◆ 劳拉和小熊、玩偶之间的关系是否有不同点？

你可能会说，劳拉把小熊看作安慰者。实际上，儿童和物体之间通过想象的方式进行交流，同时有一段短暂的时期，他们对物体的信任和对人类的信任几乎一样。

 **请思考**

你可能希望更深入地调查这些具体关系——或者记录儿童与他们喜爱的物体进行交流的方式。这种交流方式在什么时候不再发生？

朱迪·邓恩(Judy Dunn, 2005)研究并撰文阐述了理解儿童友谊的重要性。她表示，观察儿童与他们的朋友可以给我们提供一扇窗口，让我们了解"儿童对社交世界的知识和理解"（第5页）。她的研究考察了友谊在儿童身上所引起的感情——嫉妒、忠实、关心和移情。这个研究还揭示了友谊和兄弟姐妹关系之间的种种差别。例如，儿童对自己的朋友通常都更有耐心，努力化解分歧，并对他们的需求和感受作出回应；但是对待自己的兄弟姐妹，他们好像并非总是很担心化解分歧问题，反而好像乐意加入分歧所造成的争斗。研究还显示，友谊通常与儿童对道德感的理解紧密相连。因为儿童关心朋友，他们就会考虑朋友的需求和权利，对保护朋友表现出忠心。皮亚杰（引自 Dunn, 2005）也阐述了这个观点，他说："在儿童逐渐理解道德问题的成长过程中，儿童之间的争论具有特别的意义。"

朱迪·邓恩认为，儿童之间的早期关系使我们对儿童有了很多了解：

● 即使在儿童很小的时候，早期友谊的形式都很特别，展示了儿童关心其他孩子的能力。
● 这些早期关系与儿童和父母、兄弟姐妹以及其他家庭成员的关系很不相同。
● 友谊对儿童的行动可能产生影响。这种影响可能是积极的，但也可能是消极的。

- 在熟悉和亲密关系之外,儿童可能对朋友有很深的感情,这可能对儿童的社交发展和自信心产生深远影响。
- 我们可以看到早期友谊影响到儿童如何学会帮助他人、分享秘密、进行交流。
- 这些早期关系的形成,奠定了儿童开始对道德的理解的基础。

图 4-2　很小的孩子就依据共同的假扮游戏形成友谊

 请思考

努力回忆自己的第一个朋友。回忆的时候,想一想自己在这早期友谊中所投入的全部感情。你想到了哪些情感?

你可能想到了各种不同的情感——忠实、嫉妒、密切甚至排斥。邓恩认为甚至很小的孩子都可能有真正的友谊,这些在学前阶段非常普遍。她说,儿童非常肯定地"选择"他们乐于在一起玩耍的人,共同的兴趣和思想是他们作出选择的重要原因之一。虽然很小的儿童缺少理解他人感情和移情的能力,但是他们还是全身心地投入到与同伴"共同假扮"的世界中。儿童会共享想象的世界,共同参加假扮游戏。这可以帮助他们在交流、互助行为、信任和相互理解方面发展技能。

```
┌─────────────────────────────────────────┐
│     学前阶段的儿童，年龄从15个月至3岁      │
│  儿童未必总是形成具体的友谊，但是却在"共同的假扮游戏"的  │
│        基础上，开始共享亲密关系和信任关系         │
└─────────────────────────────────────────┘
                    ↓
┌─────────────────────────────────────────┐
│              3—5岁的儿童                 │
│         这些儿童想要建立友谊，共享想象世界        │
└─────────────────────────────────────────┘
                    ↓
┌─────────────────────────────────────────┐
│              5—7岁的儿童                 │
│   在学校时，友谊意识逐渐增强，朋友之间的亲密关系逐渐增强   │
└─────────────────────────────────────────┘
```

图 4-3　友谊意识的进程

 请思考

你可能希望更加详尽地了解儿童的友谊及其研究情况：
◆ 社交世界的友谊。
◆ 过渡期友谊的益处。
◆ 女孩和男孩及其友谊。
你可以从邓恩和她的同事(2005)的研究中找到更多信息。

观察早期教育机构里的关系

要了解你所照料的儿童建立关系的方法，最有效的途径之一就是运用观察资料和社会关系图(sociogram)。它们可以帮助你更好地理解儿童群体间的关系。这些信息也可以帮助你支持遇到困难的儿童，或许可以通过改变环境，更好地促进那些儿童建立友谊。

你可以运用以下方式。

● 时间样本图(time sampling chart)：记录一天的不同时间，谁和谁玩耍了——如果有数量更多的儿童则更加理想。

● 流程图(flow chart)(见下面的例子)：用来追踪一个儿童或者一组儿童在室内的活动，展示他们在哪里参与了活动或者和其他儿童交往的情况。

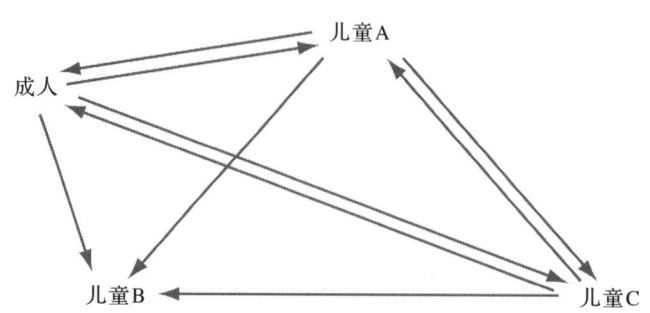

图 4-4　社会关系图示例

来源：Riddal-Leech（2005），第 40 页

在上述流程图中，很容易看出一名儿童在一次活动中的活动轨迹，但是你也可以对一小组儿童做这样的记录。

 **请尝试**

用上文提及的任一形式的社会关系图在幼儿园中进行观察。也许你希望观察一名儿童（可能是一名被孤立于群体之外的孩子）或者是一组儿童（可以是一组总在一起玩耍的女孩）。

做完这些工作后，思考下面的问题：
◆ 某个特定儿童或者小组的活动给你提供了什么信息？
◆ 你是否注意到了此前没注意到的东西？
◆ 针对这次观察的结果，你考虑进行哪些改变？

关键教养员方法

你照料的儿童会与其他儿童建立友谊和关系，这是他们社交行为发展的关键。儿童离开家庭的保护之后，需要与其他成人建立新的关系，这些成人会帮助儿童的家庭在他们的早期照料、教育他们。这个关系很特别，因为这可能是儿童在家庭之外建立的最初的信任关系。如果一名孩子要在家里受到看护者的照料，这反倒容易些，因为这是一对一的亲密关系。可是，在幼儿园就要困难一些。戈德斯米德、艾尔弗尔和塞莱克（Goldschmeid, Elfer and Selleck, 2003）提出了关键教养员方法（key person approach）。关键教养员可以让儿童感到特别、与众不同,乐于受到一个人的特别关注。关键教养员方法可以起到以下作用。
- 让儿童有安全感和连续性的感觉。
- 和儿童建立"特别"的关系。
- 了解和理解儿童。
- 和儿童的家庭一起制定个别化计划。
- 支持母亲或主要看护者,让他们安心。
- 在儿童适应新环境的阶段,和儿童保持近距离的关系。
- 和儿童家庭保持紧密联系,形成和家庭的持续关系。

戈德斯米德等人宣称,这在入园准备中是关键的,幼儿园要致力于这种方法。他们还针对这种方法的实施提出了建议:
- 研究教育机构,反思关键教养员方法的价值。
- 给员工机会,促使他们形成这一思想。
- 宣布对这种方法的全面投入。
- 讨论这种方法的实践状况。

请思考

◆ 关键教养员方法的优点和不足是什么?
◆ 在早期教育机构中,可以实施哪些策略来提高这种方法的效果?

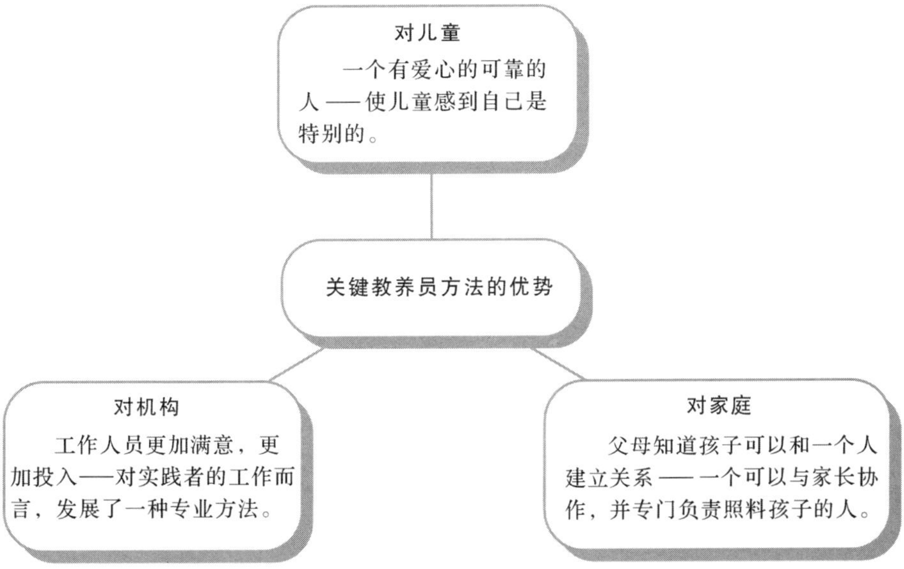

```
                    ┌─────────────────┐
                    │     对儿童       │
                    │  一个有爱心的可靠的│
                    │  人——使儿童感到自己│
                    │     是特别的。    │
                    └────────┬────────┘
                             │
                   ┌─────────┴─────────┐
                   │  关键教养员方法的优势 │
                   └─────────┬─────────┘
              ┌──────────────┴──────────────┐
    ┌─────────┴────────┐            ┌───────┴──────────┐
    │      对机构       │            │     对家庭        │
    │ 工作人员更加满意,更│            │ 父母知道孩子可以和一个│
    │ 加投入——对实践者的│            │ 人建立关系——一个可以│
    │ 工作而言,发展了一种│            │ 与家长协作,并专门负责│
    │    专业方法。     │            │   照料孩子的人。    │
    └──────────────────┘            └──────────────────┘
```

图 4-5 关键教养员方法对儿童、机构和家庭都有优势

良好行为清单

关键教养员方法

◆ 关键教养员要进行常规指导,帮助他们履行职责。
◆ 对关键教养员进行培训和规划,需要更多的时间。
◆ 值班表、日程安排、培训计划,都要考虑到关键教养员的时间安排。
◆ 针对儿童适应环境及其与家庭成员的关系,教育机构要建立关键教养员制度。
◆ 成人与儿童的比例要与在儿童及其家庭身上所花时间相关。
◆ 对儿童的亲密照料主要由关键教养员开展。
◆ 儿童要有机会和关键教养员群体交流。
◆ 在可能的情况下,儿童应当有机会使用他们家庭的语言进行交流。
◆ 关键教养员应当在符合机构保密原则的情况下,获取并保管自己负责的儿童的记录。

移 情

早期教育人员在与儿童建立最初的信任关系的时候,要保证稳定性和连续性。但是,这些关系很容易激起他们内心的感情。西格蒙德·弗洛伊德注意到他的病人好像都爱上了他的时候——包括那些男人,他发现了"移情"(transference)。幸运的是,他认识到这源于一些其他东西,而不是因为他的人格魅力。当一个人把对某个人的感知和期望投射到另一个人身上的时候,就产生了移情。这在下面的"案例研究"中可以看出。

案例研究

夏洛特

夏洛特被训练为一名早期教育人员。她认为自己对幼儿园分配的实践工作做得特别好。她与儿童关系非常亲密,尤其是和一名叫安妮的女孩,这个女孩整天围着她转。安妮特别羞怯,夏洛特一下子就被她吸引住了。夏洛特知道安妮喜欢她,就对她特别关照。她并不让安妮完成其他儿童要完成的任务,因为她感觉安妮很羞怯,认为不应当让安妮完成所有的任务。幼儿园主管人员要求和夏洛特的指导教师谈话——她担心夏洛特对安妮有些宠爱,不让她参加活动。当指导教师和主管人员找到夏洛特谈论这个问题的时候,她说她很理解安妮,因为她自己在学校也曾是个羞怯的孩子,缺乏信心,并不想参加所有活动。

◆ 对夏洛特关于安妮的观点,你首先想到了什么?
◆ 你认为夏洛特对安妮的发展可能有什么影响,可能没有什么影响?
◆ 你认为指导教师和主管人员应当给夏洛特提出什么样的建议?

你可能认为这个案例饶有趣味。作为客观的观察者,你也许已经看到了正在发生的移情情况,但夏洛特却对此毫无觉察,还认为自己完全是为了安妮的利益才这样做的。如果你要成为一个善于反思的早期教育人员,那么你就必须了解自己的不确定性和情感挑战,不以个人的主观需求为标准,这样才能真正成长为一个善于移情的实践工作者。

小　结

本章探讨了儿童的社会世界和儿童的社会性发展,首先考察儿童在社会上的位置,并分析了家庭和文化的期望。我们讨论了社会性发展领域的重要理论家,以此来考量和分析儿童社会性发展的各种方式。一些研究者讨论了父母和周围环境对儿童发展的影响。儿童是"打开"的可以用知识填充的"容器",还是天生就有交流和建立关系的能力?

本章还研究了儿童如何建构自己最初的关系,和母亲形成关联与依恋关系。据说,和母亲的这些关联与依恋关系,对儿童在今后人生中建立关系有一定影响。我们简要地考察了早期友谊、想象游戏和假扮游戏中的共享世界。在早期教育机构中,成人也会和儿童紧密联系,进行保育和教育,从而帮助儿童与他人建立关系。为了提供具有足够刺激且健康安全的环境,就要让体制到位,保证儿童得到连续性的照料。虽然这运用于所有的早期教育机构不可能,也不现实,但是我们还是要考虑关键教养员方法的优势及其实施的方式。最后我们简要地阐述了复杂的移情问题,审视了移情可能对实践带来的影响,并希望引起你的注意和理解,因为你的教养和生活经历可能对你观察自己和儿童关系产生影响。

正如本章开篇所言,必须深入了解儿童如何在社会上定位,如何建立最初的关系。了解这点很重要,因为有了这些知识和理解,我们就能支持儿童和他们周围的成人,让他们从相互之间的关系以及与周围人和更广阔的世界的互动中得到最好的发展。

检查你的理解

1. 什么是学习的自由放任模式?
2. 列举一个最近发展区的例子。
3. 给出一个搭鹰架的例子。
4. 在中国,儿童与家庭的参与是哪种类型?
5. "陌生情境"实验是如何开展的?
6. 主题共享是什么?
7. 什么是双向互动?
8. 请说明约翰·鲍尔比提出的发展的四个阶段。
9. 请说明寻求身体接近的含义。
10. 什么是安全的依恋关系?
11. 什么是我们所说的归属感?
12. 什么是共同的假扮游戏?
13. 举例说明绘制社会关系图的方式。
14. 什么是移情?

参考文献

Abbott, L. and Moylett, H. (2005) *Working with the Under-Threes: Responding to Children's Needs*, Open University Press

Ainsworth, M. D. S (1991) *Patterns of Attachment*, Lawrence Erlbaum Associates

Dunn, J. (1993) *Young Children's Close Relationships Beyond Attachment*, Sage

Dunn, J. (2005) *Children's Friendships: The Beginning of Intimacy*, Blackwell

Goldschmeid, E., Elfer, P. and Selleck, D. (2003) *Key Persons in the Nursery*, David Fulton

Riddall-Leech, S. (2005) *How to Observe Children*, Heinemann

Smith, P. K., Cowie, H. and Blades, M. (2004) *Understanding Children's Development*, Blackwell

Maynard, T. and Thomas, N. (2004) *An Introduction to Early Childhood Studies*, Sage

Schaffer, H. R. (2005) *Social Development*, Blackwell

第 5 章
儿童如何感受

导　言

从出生开始,儿童就迅速发展了体验和表达不同情绪与情感的能力,应对和管理不同情绪与情感的能力。这些技能绝大多数在儿童到 2 岁时就具备了。这些能力的发展与很多更容易观察到的技能同时出现,例如身体、智力和交流技能。在过去,与其他核心发展领域相比,情绪和情感发展受到的关注相对较少。作为早期教育人员,有必要认识到:情绪和情感发展是儿童此后发展的基础。正如其他发展领域一样,对儿童的情绪和情感进行同等程度的认可和关注非常重要。

自我意识,生活技能(自己上卫生间、自己穿衣服、照看自己的物品),冲突处理和自尊都是社会化的重要方面。情绪和情感会影响我们的社会行为,包括我们所做的很多选择。学会管理情绪和情感对有些儿童而言可能非常困难,如果在早期没有得到周围成人的恰当支持,很可能导致其今后的心理障碍。成人的感情问题很多可以追溯到童年期的困难(Dowling,2000),这种规律性让人吃惊。戈尔曼(Goleman,1998)说,童年早期是支持和培育情绪和情感发展的关键期;如果机会丧失,此后弥补将会更加困难。如果你要避免你所照料的儿童在今后的人生中遇到这些困难,全面培养他们积极健康的情绪和情感,你就要利用儿童接受能力强的特点,支持他们的情绪和情感健康地发展。

儿童早期情绪和情感发展的主要特点如表 5-1 所示。

表 5-1　情绪和情感发展的主要特点

特　点	说　明
识别并理解自己的情绪和情感的能力	认识你身上产生的情绪和情感,能诚实地对待自己的感受
自我激励	应对自己的情绪和情感,使之朝好的方向发展,从而影响学习
管理强烈的情绪和情感并能恰当地表达	控制情绪和情感,使之和情境相适应——这是建立在自我意识基础上的一种能力
对他人发展共情(empathy)	共情能力,包括能够注意到社交信号,并能理解和体谅他人的情绪和情感
建立并维持关系	社会关系需要运用共情来支持他人,并帮助管理人际关系中的情绪和情感内容

儿童的情绪和情感发展成功与否,非常有赖于他们的个人经历、与他人互动的质量及其生活的环境的影响。情绪和情感发展与社会交往的发展联系紧密,相互影响。情绪和情感发展还受到儿童自我感觉自己被周围人接受程度的影响,这些人包括他们的同伴和教师。针对儿童情绪和情感的发展问题,弗洛伊德、罗杰斯、鲍尔比都进行了研究。他们的思想对今日的实践产生了巨大的影响。

本章包括以下几个方面内容:
- 情绪智力
- 自我意识
- 自尊
- 应对情绪和情感
- 成人如何与儿童互动
- 关于儿童如何感受的重要理论

本章涉及的理论家和研究者如下:
- 亚伯拉罕·马斯洛,第 125 页
- 埃里克·埃里克森,第 134 页
- 约翰·鲍尔比,第 140 页
- 西格蒙德·弗洛伊德,第 141 页
- 卡尔·罗杰斯,第 142 页

情绪智力

承认并重视儿童的情绪发展是重要的。情绪、自我意识、生活技能、对冲突的处理、自尊等在人生中始终至关重要。麦金太尔(Macintyre,2002)认为,健康的情绪发展能够使儿童:
- 带着自信进入新的环境。
- 表达情绪和情感。
- 应付焦虑,更具适应力。
- 喜欢解决问题。
- 乐于欣赏艺术品、音乐和舞蹈。
- 想哭时就哭。
- 理解别人的感受。
- 欣赏某种氛围,例如教堂里的氛围。
- 有创新性和想象力。

霍华德·加德纳(Howard Gardner,1983)认识到情绪和智力是紧密联系的。他认为

独立智力有几种类型,包括:
- 内省智力(intrapersonal intelligence)——理解、分辨和控制自己情绪的能力。
- 人际智力(interpersonal intelligence)——理解、描述并影响他人情绪的能力。

虽然这些不同类型的智力通常密不可分,但是有其中的一种智力,并不意味着就拥有另外一种。以加德纳的思想为基础,戈尔曼提出"情绪智力"(emotional intelligence)的概念。他把情绪智力定义为理解自己的情绪,并运用其进行人生正确决策的能力。情绪智力是获取并运用具有情绪本质的信息,用情绪去感知和回应的能力(Goleman,1998)。情绪智力使人能够理解其他人的感受,管理感情时和他人相联系,能够说服别人、领导别人(Pound,2005)。在过去十年间,大量研究表明情绪在人生中起着重要作用。人们相信,情绪意识(emotional awareness)比智商更为重要,控制情绪的能力将决定你的人生和建立关系的成功与否。

有情绪智力的人常常都有如下技能和品质:
- 自我意识
- 共情
- 冲动控制
- 倾听技能
- 决策技能
- 控制愤怒的技能

对大脑发展的研究已经找出了情绪和学习之间的明显联系。长期或短期承受压力的儿童,往往被生存本能所控制,有效学习的能力大大降低。作为早期教育人员,你要明白,如果儿童心情烦乱,或者悲伤紧张,就不能积极投入学习。你应该意识到,有的时候应先解决儿童的情感需要,才能使他们乐于接受学习。亚伯拉罕·马斯洛(Abraham Maslow,1962)的需要层次(the hierarchy of needs)理论显示,有几个层次的需要都应先满足,才能满足学习(自我实现)的需要,就说明了这一点(见图5-1)。马斯洛相信,只有先满足了这些需要,我们才能实现自己的潜能。

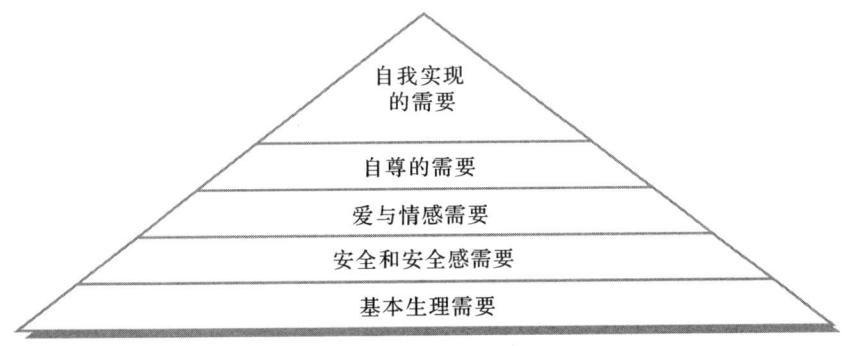

图5-1 马斯洛的需要层次理论

因此,我们需要保证学习环境在情感方面具有积极意义,具有支持性。我们提供的环境要认可儿童的感受,鼓励儿童去感知、思考并讨论自己的感受。我们要确保所提供的环境对情绪发展具有支持性:
- 对身体是安全的、有保障的。
- 趣味盎然的。
- 满足所有儿童的需求。
- 支持决策和解决问题。
- 允许儿童进行选择。
- 促进员工、家长、儿童和社区间的积极关系。
- 承认情绪,并正确处理情绪。
- 促进自尊。
- 鼓励并庆祝成功。
- 尊重并重视每一个儿童。
- 规程灵活但有规则。

 **请尝试**

写下你所在的教育机构是如何确保上述要点的每一条都得到满足的。让其他教育机构的同行完成相同的任务,分享并比较你们的观点。为了提高情绪支持力度,有没有什么可以改变的地方?

为了满足儿童的需要,培育一个积极支持情绪发展的环境,极有必要理解社会交往和情绪发展过渡期(见表5-2)这两个概念。这两个概念往往很难精确识别,因为它们没有身体发展的转折点那么明显。然而,它们却至少具有同等重要性。

表 5-2　社会交往和情绪发展过渡期

年　龄	过渡期
出生—3个月	婴儿积极探索周围的环境,包括自己和他人。通常情况下,婴儿善于社交,对他人感兴趣,并很快学会辨别他们的主要看护者。大多数婴儿: ◆ 能够被一名熟悉的成人安慰 ◆ 别人触摸他们,他们的回应是积极的 ◆ 以微笑或者表现快乐来回应外界刺激

续表

年 龄	过渡期
3—6个月	婴儿继续乐于增加社会互动量。他们能够： ◆ 微笑 ◆ 笑出声 ◆ 识别自己的名字 ◆ 比早期更能对语言做可见的应答 ◆ 喜欢重复的游戏、歌曲和儿歌
6—9个月	婴儿能够回应的情绪和情感范围更清晰，他们开始对主要看护者表现出偏好。他们能够： ◆ 表达更多的感受 ◆ 把家庭成员和陌生人区分开来 ◆ 对语言作出积极回应 ◆ 因丢失玩具而不悦
9—12个月	婴儿逐渐独立。他们能够： ◆ 开始用手抓东西吃 ◆ 在别人帮助下抓住两个把的杯子喝水 ◆ 当别人帮助他们穿衣的时候，能伸出胳膊或腿 ◆ 模仿简单的动作 ◆ 如果与主要的看护者分离就会难过、不安
1—2岁	儿童对自己是独立的个体更加了解。他们表达各种感受，并能够发起互动。他们能够： ◆ 在照片或者镜子中认出自己 ◆ 对父母表现出强烈的爱 ◆ 自己玩耍，发起自己的游戏 ◆ 表达否定的感情 ◆ 对新掌握的技能表现出自豪 ◆ 在自己的游戏中模仿成人的行为 ◆ 更自信地表现自己 ◆ 乐于助人

续表

年　龄	过渡期
2—3 岁	这个年龄段的儿童开始表现出更强的自我感和独立感，自助技能的范围更广。他们能够： ◆ 知晓性别身份 ◆ 表达如厕的需求 ◆ 在穿衣服、脱衣服的时候主动合作 ◆ 表达喜好 ◆ 对请求说不 ◆ 对自己形成一种意象，形成的概念包括讨人喜欢、吵闹、听话 ◆ 意识到自己的情绪和他人的情绪 ◆ 开始谈论情绪 ◆ 经历迅速的情绪转变 ◆ 恐惧感增强 ◆ 表现出攻击性的情绪和行为
3—4 岁	这个年龄段的儿童独立性继续增强。他们能够： ◆ 分享玩具，会轮流做事情，但是仍然需要帮助 ◆ 发起和同伴的游戏 ◆ 创造游戏 ◆ 想象游戏增多
4—5 岁	这个年龄段的儿童更加了解作为个体的自己。他们能够： ◆ 对道德推理表现出早期理解 ◆ 把自己和别人相比较 ◆ 产生友谊 ◆ 了解他人的情绪和情感 ◆ 乐于和他人进行想象游戏

图 5-2 社会交往和情绪发展的一些过渡期

除了需要充分了解情绪发展的过渡期外,你还要和儿童建立相互信任的关系。这种信任关系对情绪智力的发展至关重要。没有信任关系,儿童就不可能有安全感和保障感,就不可能感到有信心,而这些对探索感情和表达感情都是必需的。

儿童和他们的主要看护者之间的信任关系在婴儿期就开始形成了。当婴儿依赖的看护者能立即满足他们的身体和情绪关照需求的时候,他们的信心就会增强。早期教育机构要照料好婴儿,就要认识到和婴儿发展坚实的关系的重要性,实施关键教养员制度有利于保证连续性。关键教养员方法在儿童个体和他们的父母之间建立联系。关键教养员有一系列的责任,包括:

- 与婴儿的父母分享信息,包括担忧、健康问题和进步。
- 对婴儿和父母而言的适应环境过程。
- 和婴儿及其父母发展个人关系。
- 满足婴儿的照料需求,如更换尿布、进餐、安排午休。

关键教养员方法在第 4 章的第 118 页已阐述。

随着婴儿的成长,婴儿和看护者之间的信任关系需要保持。在托幼机构内要实现这个目标,可以在这个年龄段持续实施关键教养员方法。对于不实施这一方法的教育机构,例如学校、幼儿班和游戏小组,与早期教育人员保持积极的信任关系也是有益的。

 **请思考**

请回顾你在幼儿园中,是如何与儿童建立信任关系的。
◆ 你如何确保和家长建立积极的关系?
◆ 你认为与家长建立积极的关系,对儿童的情绪发展有什么影响?

日常常规也有助于在早期教育机构中发展信任关系。游戏、点心、午睡、吃饭时间的日常模式有助于儿童预测下一步会发生什么,从而建立安全感。不变的规则和照料质量的连续性也有助于在儿童和看护者之间建立信任关系。

教育机构和儿童家长之间的关系也同等重要。积极的、互相尊重的双向关系,对儿童的全面发展会产生积极的影响。儿童看到自己的父母在教育机构中受到真诚的欢迎时,他们就更会感到被接受和被重视。在儿童家长和教育机构之间建立积极关系,不仅仅是好的做法,而且是立法和很多研究的焦点。最近的研究证实,如果家长与教育机构建立积极的同伴关系,就会使儿童的学习更加投入,那么儿童在感情方面就会发展得更好。

早期教育机构需要努力创造承认情绪和情感并正确应对情绪和情感的氛围。有的时候,如果幼儿园强调安静的氛围,反倒有压抑感情的危险(Dowling,2000)。要使儿童的情绪智力得到发展,就要给他们提供探索、见证、体验情绪和情感的自由。

儿童体验的情绪和情感范围和成人一样。然而这一切经常会被放大,因为他们并没有得到这种情绪和情感体验,而照料和理解他们的成人却已经体验过。不管家长和幼儿园给儿童提供了多么温馨的教养环境,儿童仍然会不时地感到悲伤、恐惧、焦虑和愤怒。帮助儿童应对他们的感受,用社会许可的方式表达他们的感受,并确保这种方式不能伤害他人,应与他们的年龄和能力相适应,这些都是你的职责。

我们还要知道,一些儿童发现自己用语言表达感受出奇地困难。他们经常会通过动作来表达自己积极和消极的感受。一个 2 岁的孩子常常会想从另一个孩子手中抢夺玩具,因为他们并没有商议轮流玩的技能。对此早期教育机构要加以积极支持,方法是在儿童已经能够使用单词的时候适时地指导他们这么做,同时进行适当的解释。显然,希望立刻得到理解是不现实的,但是通过不断的、与年龄相适应的解释和帮助,儿童就会逐渐理解他们的感情。

帮助儿童学会公开承认自己的情绪和情感非常重要。如果你否定一个儿童的感受,诸如痛苦、愤怒或者失望,你其实不是在正面帮助他(她)进行情绪和情感发展。帮助儿童发展情绪和情感,就要在语言上承认他们好像拥有的感受,例如"我看你因为不能……而感到失望"。这能够帮助儿童对自己的感受加以命名,从而增加了他们的情绪和情感词汇。

案例研究

又不是真疼

泰迪最近和母亲、祖母一起迁到这个地方。她在当地小学的学前班学习了四个星期,而且适应良好。她结交了好几个朋友并积极参与广泛的活动。这是她第一次这么长时间离开自己的母亲和祖母。

一天,她正在外面的沙盘玩游戏的时候,另一个孩子倒骑自行车撞倒了她。泰迪哭了起来,并向旁边的教师报告。教师的回答是:"没关系,又不是真疼。"泰迪再次回到沙盘旁边,但是不再进行游戏。

◆ 教师是如何知道泰迪"又不是真疼"的?
◆ 你认为泰迪听到这个回答有什么感受?
◆ 如果泰迪的感受得到认可,你认为她的反应会有哪些不同?
◆ 你认为教师应当如何回应?

当我们承认儿童的情绪和情感时,我们就是在帮助儿童认识情绪和情感,并用语言表达情绪和情感。作为早期教育人员,我们对儿童的情绪和情感如何反应,会影响到儿童应对情绪和情感的技能发展。但是,我们也要小心,不要自认为自己知道儿童的感受,就把自己的感情投射到儿童身上,例如在儿童去看牙医的时候鼓励儿童要勇敢,这就等于暗示说勇敢是必须的。

请思考

回想自己受伤或者生病的时候,你是否有机会向另一个人倾诉自己的感受?

当我们向有同情心的倾听者倾诉了自己的感受时,我们常常会感觉稍微好一些。当自己受伤,而受伤的疼痛受到另一个人的认可的时候,更是如此。这种认可使我们更有能力应付自己的感受。

儿童对待感情和应对情境的方法差异很大,与成人面对相同情况的反应也不相同。儿童对死亡和悲痛的反应就是很好的例子。作为成人,我们常常感到有必要处理好悲痛,并相对快速地从悲痛中解脱出来,这主要是源于社会的压力。可是,儿童就没有这种紧迫感(Woolfson,1998)。儿童经常需要时间来吸收这种信息,一旦他们吸收了这种信息,就会在游戏当中谈论这种感情、探索这种感情。有时他们通过自己的行为表现悲伤——更有进攻性或者更加内敛。有些反应是立即的,有些可能需要好几个星期才表现出来。我们用同情的、支持性的方式回应儿童,就能帮助他们应对感情。这种支持可以是语言支持或者非语言支持。

教会儿童用可以接受的方式应对各种困难情形,也是你的职责。大多数情况下,我们都鼓励儿童分享感情。但是让儿童分享还不够,还要告诉儿童如何分享。根据儿童的年龄,可以帮助儿童轮流做事,鼓励儿童把玩具分给大家玩,或帮助儿童找到一起玩的方法。

案例研究

轮流并分享

艾米莉3岁4个月了。去年一年,她每周有三天上小星星日托中心。在这个阶段,她的信心和独立性都得到了发展,并且有了几个关系很牢固的朋友。但是,有的时候她仍然不乐意与人分享。

艾米莉在幼儿园的活动范围很广,但是对骑室外自行车情有独钟。她总是渴望外出活动,而且总是第一个冲出去。可是这一次,她被室内的活动吸引,没能第一个来到室外。当她看到其他儿童走出教室的时候,她也朝外跑,并径直跑到一辆自行车旁,可是自行车已经被其他孩子骑了。她试图把那个男孩推下自行车,偏说现在轮到自己了。那个男孩拒绝了艾米莉的要求,艾米莉非常愤怒,她径直找到教师。教师倾听了艾米莉的感受后,提醒她在幼儿园需要学会分享玩具。在教师的鼓励下,艾米莉找到了一个解决办法。他们一致同意,使用煮蛋计时器来计算每一个孩子骑自行车的时间,并用粉笔在黑板上记录等待骑车的儿童的名字。

◆ 你认为这个案例在哪些方面处理得较好?
◆ 在运用这种策略的时候,教师考虑了艾米莉发展的哪些方面?
◆ 这对艾米莉的发展会产生哪些积极影响?

有的时候,儿童从别人手中抢夺玩具,目的只是希望加入别人的游戏,不过他们不知道如何加入。有了成人巧妙及时的支持,儿童就能学会这种技能。儿童需要学习的另一种技能是理解别人的感受。在第2章,我们已经探讨了皮亚杰关于儿童在相同情形下理解不同观点的思想。儿童很难理解有些人和他们的感受、观点不一样，可是他们必须了解这一点。我们可以教会儿童有关技巧，方法是率先垂范，给儿童做榜样。我们每次友好而又尊重地跟儿童谈话，都是在教他们如何友好而又尊重地和他人谈话。如果我们不尊重儿童，就无法教会儿童尊重他人。

案例研究

开始上学

奥利维亚和艾伊莎从一年前上幼儿园就是朋友。她们两人下个月要上同一所学校的同一个班。准备过程包括让两个孩子参观学校。艾伊莎对上学很激动，很期盼。奥利维亚就不怎么确信。在参观的那一天，艾伊莎对爸爸离开非常高兴，而奥利维亚眼泪汪汪，对她的妈妈依依不舍。艾伊莎对奥利维亚的反应大惑不解，也开始惶恐不安起来。

◆ 奥利维亚参观学校的反应让艾伊莎大惑不解，你认为艾伊莎为什么会感到困惑？
◆ 你认为奥利维亚的反应为什么会让艾伊莎惶恐不安？
◆ 你认为早期教育机构应当怎样解决这种情形？

良好行为清单

支持儿童的情绪发展

◆ 积极支持儿童公开承认自己的情绪，无论是正面情绪还是负面情绪。
◆ 鼓励儿童描述他们的感受，尤其是在发生冲突的时候。
◆ 弯下腰来认真倾听儿童的心声，并使用目光接触的策略。
◆ 传递温馨、尊重和同情。
◆ 鼓励儿童探索、做决策和尝试挑战性的项目。
◆ 鼓励儿童在一系列的项目和活动中相互协作。
◆ 提供很多想象游戏的机会，使儿童可以安全地表达、探索情绪与情感。

自我意识

在儿童情绪发展的有效性方面,形成自我认同感(self-identity)具有中心地位(Owen,1997)。儿童的自我认同受到周围环境的影响。他们根据周围人如何对待自己来建构自己的形象从而感知自我。他们循着人们对自己的言语的、非言语的和视觉的暗示,来了解自己受到喜欢和被接受的程度。儿童如何看待自己,和他们作为学习者的成功程度有直接联系。埃里克森(Erikson,1950)坚信,成人对儿童的回应方式,对儿童自我形象的确立有长期的潜在影响。对自我认识的消极情绪能够持续到成人阶段,这又将影响他们建立关系、发展学业的能力。

我们一生都在自问,我们是怎样的人。儿童为了找到这个问题的答案,既从内部寻找,又从外部寻找。在从外部寻找的过程中,他们就要看周围的人如何认识自己。为了让儿童发展健康的认同感,认识自己是哪类人以及将来要成为什么样的人,他们需要建构一个积极且现实的形象。为了让儿童建构积极的自我形象,你有责任对发展中的儿童表现出持续的关注态度。儿童如何看待自己和儿童的自尊之间有很强的关联性。

自 尊

在讨论儿童情绪发展的时候,"自尊"(self-esteem)这个词为人熟知。儿童自尊的发展进程与儿童发展的其他方面同步,其他发展既可能对自尊发展起消极影响,也可能起积极影响。把我们眼中的自己和心目中理想的自己进行对比的时候,对自身价值的全面评价就是自尊。如果这两者间的差距不大,我们的自尊心就强。

早期阶段,儿童在家中的经验和在托幼机构的经验逐渐构成了自尊的基础。他们通过经验,利用以下五个主要信息来源,发展自己的自尊水平。

- 对自己有能力或缺乏学习能力的感受。
- 对身体技能和能力的信心。
- 社会接受度。
- 行为的可接受性。
- 身体外表。

高自尊水平的儿童认识到自己的优势,敢于与他人竞争。他们承认自己可能需要一些方面的帮助,但是他们的自我价值感并不因为这类需求而减损。低自尊水平的儿童可能形成一种自我厌恶感,并发现很难建立正面关系。

高自尊

高自尊的儿童能够：
- 独立行动。
- 承担责任。
- 对成绩有自豪感。
- 忍受挫折。
- 尝试新任务和新挑战。
- 应对积极和消极的情绪。
- 对他人提供帮助。

低自尊

低自尊的儿童会：
- 避免尝试新的东西。
- 感到自己不被关爱，是多余的。
- 把自己的缺点怪罪在别人身上。
- 情感冷漠，或者装作情感冷漠。
- 连一般程度的挫折都不能忍受。
- 对自己的才智和能力感到自惭形秽。
- 容易受到影响。

大多数托幼机构都通过建立温馨的关系和支持友谊发展来创造氛围，培养儿童的自尊心。你也可以培养有助于儿童学习的积极性格，从而发展儿童的自尊心。具体方式如表 5-3 所示。

表 5-3　有助于儿童学习的积极性格

学习性格	如何培养
好奇心以及发现和探索的热情	根据儿童的兴趣，提供一系列充满乐趣的、激励性的经验
对能力的欲望	提供适当的表扬和鼓励
保持尝试的动机	提供一系列解决问题的活动，同时成人要对儿童进行表扬和鼓励
满足感	鼓励成功，并庆祝成功

鼓励成功、庆祝成功是促进自尊的非常有价值的一种方式。这种方式可以运用于所有儿童，不管他们的成功多么微小，只要有意义就行。但是也不能表扬没有意义的成功，从而使这种方式庸俗化，因为这样反而会起负面作用。花时间了解你所照料的儿童，你对他们的人格、能力和爱好的了解，有助于你辨别哪些成功和成绩是值得表扬的。

案例研究

亨利的"风景"

亨利今年6岁。他是个文静的孩子,结交了几个好朋友。他喜欢上学,但是从来不主动参加课堂讨论,除非被教师点名才会参与。星期一早晨,亨利带着一包"风景"来上学,这些"风景"是他受到周末自然历史电视节目的启发用小积木搭建起来的。他

图 5-3 亨利的"风景"

问教师是否可以向班级展示他的"风景",但是却被告知那天没有时间。

◆ 你认为亨利分享自己的"风景"有多重要?
◆ 你认为亨利错过这次机会对他的学习性格会有什么影响?
◆ 这对亨利而言为什么是一次理应受到庆祝的"成功"?
◆ 这种情形还可以有什么不同的处理方式?

■ 应对情绪和情感

年幼的儿童需要体验一系列的情绪和情感,才能够开始了解自己。正如我们所讨论的一样,儿童所在的托幼机构能够支持并鼓励他们探索情绪和情感是至关重要的。允许儿童讲述自己的感受,鼓励他们以有益的方式探索这些感受,才是好的做法。通过引导儿童识别和认可情绪与情感,我们就能够发展儿童识别和认可情绪与情感的技能。

大多数托幼机构已经创造了氛围,使儿童的情绪和情感受到一系列活动的刺激。这些活动包括:

- 听音乐——随音乐舞动,通过使用乐器一起演唱并表现自我。

- 玩橡皮泥或者任何可触摸的可塑性材料——儿童在操控时能够释放紧张和负面的能量,他们也许会感到可塑性的东西能抚慰心灵。
- 角色扮演机会——在扮演中儿童探索情绪和情感,这样就让他们对自己的感情有更好的了解。

图 5-4　可以通过一系列活动来刺激儿童的感情

如果给儿童提供机会,让他们谈论这些类型的游戏所激起的感受,他们就会在其他情形下识别这些感受。同样,他们也就能识别出消极情绪。如果你给儿童机会,帮助他们辨别情绪的模式,他们就能调控自己的情绪。情绪调控能力能够帮助儿童恰当调整自己的情绪。

 **案例研究**

宠物的死亡

阿契 4 岁 5 个月了。他每周有五个下午在幼儿园度过。他是个快乐、有信心的男孩,喜欢和其他儿童为伴。教师注意到,这个孩子在玩沙的时候,总是重复地掩埋一只塑料狗,然后再把狗挖出来。于是教师问阿契在干什么。他解释说,人要是死了,就会被掩埋。

教师和阿契待在一起,观察他的游戏,允许他讲述自己在干什么。最后他告诉教师,他的狗几天前死掉了,那条狗很老了。教师鼓励阿契讲述自己的感受和所记得的关于那条狗的具体事情。以后教师和阿契的父亲交谈时,发现这是孩子一生中第一次面对死亡事件。

- ◆ 你认为教师对这种情形的处理好在哪里?
- ◆ 还可以使用哪些策略帮助阿契?
- ◆ 这次给阿契提供的情感帮助,对他今后面对死亡事件有什么帮助?

为了帮助儿童探索自己的情绪和情感,你可以运用以下一系列资源。

● 书籍——很多书籍特别设计,专门用来帮助儿童处理一系列情形以及由此产生的感受。阅读故事书时可以增加其他道具和资源,鼓励儿童表演书中的情形,给他们提供探索情绪和情感的机会。

● 圆圈时间——它提供了理想的小组倾听体制,以此提高儿童的自尊,促进道德价值观,以及讨论感情。这是一个包括所有儿童的民主体系,提供了平等的权利和机会。圆圈时间提供了一个实践机会,讨论儿童关心的话题并探索解决方案,因此能够支持儿童的情绪和情感发展。但是,有些儿童可能会感觉这种活动方式不自在,因此也有权不参加这种活动。

● 玩偶——这是教儿童如何应对困难情境的好工具。可以让儿童参与玩偶表演,表演的重点是如何应对与其他儿童交往中可能产生的问题。玩偶可以使儿童探索感情或表达顾虑。

● 音乐——对音乐的热爱、尊重和欣赏等感情,很容易在儿童间分享,并能同时培养生活技能。在早期阶段,音乐技能有助于培养儿童的自尊和提高表达能力。

以上概述的所有资源,都能给儿童提供宝贵的机会,让他们学习应对自己的情绪和情感。这样儿童就能够表现积极和消极的情绪。使用玩偶对促进儿童的情绪和情感发展尤其有效。德纳姆(Denham,1986)从观察儿童游戏中注意到,在游戏中表现了积极和消极情绪的儿童,在现实生活中更有能力认识并理解其他儿童的情绪和情感。你需要重视允许儿童通过这些方式探索情绪和情感的游戏机会,并考察那些使你有机会支持儿童的方法。

成人如何与儿童互动

戈特曼(Gottman,1997)研究了父母在家庭里如何处理情感行为的方法,发现了四种不同的教养风格(parenting style)。(如表 5-4 所示)

表 5-4 处理儿童情感行为中的教养风格

教养风格	特　点
批评法	父母经常因儿童表现出消极情感而批评他们
轻视法	父母对儿童的消极情感忽视或者不当回事
放任法	父母接受儿童的消极情感,但是不能提供指导或者支持
支持法	父母接受儿童的消极情感,承认这些情感,并表示理解

来源:Gottman(1997)

这些方法适用于父母,也适用于任何照看儿童的人。父母和儿童看护者通过情感指导的方法支持儿童应对消极情感,能够帮助儿童理解并控制自己的情感,对他人发展共情。戈尔曼(Goleman,1998)通过成功的父母—儿童互动研究,提出了情感指导的过程,并分离出这个过程的五个要素。

1. 意识到儿童的情感
2. 认识到情感是亲近儿童、教育儿童的机会
3. 感同身受地倾听,确认儿童的情感
4. 帮助儿童找到恰当的词语来表达他们正在体验的情感
5. 探索解决问题的策略时设定条件

戈尔曼通过研究,注意到经历过情感指导的儿童:

- 身体更健康。
- 学习更好。
- 更容易保持友谊。
- 行为问题更少。
- 暴力行为更少。

虽然这些孩子有的时候还会经历悲伤、愤怒和害怕,但是戈尔曼注意到,他们更会安慰自己,并从消极情感中自拔,继续有意义的活动。他的结论是,这些儿童情感健康程度更高,因此情绪智力更高。

 **请尝试**

花时间观察你所在的教育机构中的儿童,重点关注儿童表达强烈的情感时成人的互动情况。
- ◆ 对照戈特曼提出的教养风格,确认哪种方法使用得最多。
- ◆ 你发现情感指导的方法在多大程度上得到实践?
- ◆ 反思你观察到的实践,并和同事讨论你的发现。

关于儿童如何感受的重要理论

约翰·鲍尔比

约翰·鲍尔比(John Bowlby)的依恋理论在第4章已经介绍。依恋是婴幼儿和父母或其他主要看护者之间建立的正面情感纽带。这是从儿童的角度看这种关系的,如果从看护者的角度看,就是被依恋(bonding)。儿童通常与自己的母亲形成最初的情感关系,这被认为是童年时代最重要的成就。这种关系为儿童未来的自信和安全打下了基础;如果这种关系被打破,就会造成相当严重的创伤。

鲍尔比的依恋理论以及此理论对早期关系的影响在第4章的第104页已作阐述。

对当前实践的影响

鲍尔比的研究使人们改变了对儿童的服务。因为战争时期母亲忙于工作,托幼机构便为她们的孩子提供全天候的照料工作,这就为从战场归来的士兵提供了更多岗位和工作机会,让他们到托幼机构就业。

从鲍尔比的研究开始,此后的进一步研究显示了儿童住院治疗时与父母的离别之苦对儿童产生的影响。这个研究有助于人们创造条件,让住院治病的儿童和父母待在一起。

早期依恋体验的积极影响主要体现在社会性发展方面:
- 自信心。
- 自尊心。
- 有能力关爱别人并受到关爱。

无论儿童的依恋是在家里还是在托幼机构里,只要托幼机构重视儿童的依恋,就会与他们关照的儿童家庭建立强大的工作关系。他们会花时间去了解儿童的个别需求和兴趣。当儿童的依恋对象不在现场时，儿童可能会产生焦虑感，托幼机构的策略就是承认这种焦虑感。具体包括关键教养员方法以及帮助儿童适应。这在儿童开始学习或者进入一个新的班级或教育环境的时候，将有利于其从家庭到学校的顺利过渡。

鲍尔比的依恋理论突出了婴幼儿离开自己的依恋对象后可能经历的痛苦。他相信，分离焦虑可能对其认知、社会交流和情感发展产生严重的影响。你可以首先熟悉不同年龄、不同发展层次的儿童如何反应，这样，你就能在"分离"的时候给婴幼儿提供有力的支持。

分离焦虑一般都是在大约9个月的时候产生，在12—24个月期间达到顶峰。分离焦虑一般都表现为哭泣或内敛。婴儿更常用哭泣来表现分离焦虑，表现为以下两种不同的场景。

- 婴儿被留下来时就哭泣，因为他们害怕父母一去不复返；当父母回来后他们哭泣，则是因为他们回想起了他们第一次被留下来后的感受。
- 分离焦虑也可能发生在家中。当父母本人不在孩子身边的时候，孩子就可能产生焦虑而哭泣。当婴儿自己爬离家长的时候，也会发生这种情况。

在2—3岁期间，分离焦虑开始减少。这个时候，成人往往很容易和孩子分开，只要把孩子留给一个熟悉的人就行了。在3—4岁期间，大多数孩子都会很有信心地和家长分离，还常常忘记和家人招手再见，除非得到提醒。

西格蒙德·弗洛伊德

西格蒙德·弗洛伊德相信，大多被认为是严重不安的人，实际上是患有某种精神疾病。他因此发展了由多种人类行为理论构成的心理分析学说。他的理论与其他聚焦人格和冲突对儿童发展的影响的理论流派不同。像皮亚杰一样，弗洛伊德也把发展分成确切的阶段，他认为任何人在童年期都要经过这几个阶段，但是他的理论焦点在于有意识和无意识的作用。根据弗洛伊德的观点，当我们想在如下几点之间取得平衡的时候，发展就产生了。

- 本我——人格中驱动的、本能的、追求快乐的部分。
- 自我——有意识的思维，防止反社会行为的出现。
- 超我——遵循道德原则。

弗洛伊德认为，超我可以分成两部分：良心和自我理想。当我们的行为举止不好的时候，良心就让我们有负罪感和羞耻感；在我们回避了诱惑、举止端庄的时候，自我理想就使我们自豪。他认为，在5—6岁的时候，超我开始发展，使男孩对母亲产生性欲，导致和父亲的强烈竞争。他将此称为俄狄浦斯情结（Oedipus complex）。他相信，这个年龄的儿童因此感到害怕，因为他们比父亲弱小得多。当男孩接受了父亲的价值观，从而通过认同过程之后，这个发展阶段最终就走了过去，使儿童形成了超我。

弗洛伊德还相信，在大致相同的年龄，女孩也经历了类似的过程。她们由于对父亲的欲望，形成了厄勒克特拉情结（Electra complex）。女孩也因为接受了母亲的价值观，通过了识别过程，走过这个阶段。弗洛伊德宣称，女孩把自己认同成母亲的过程，没有男孩把自己认同成父亲这么强烈，所以女孩发展的超我没有男孩的超我强烈。

对当前实践的影响

弗洛伊德的思想对早期教育机构的主要影响,在于必须支持儿童度过感情危机或心理危机,以便发展积极健康的情绪。要实现这一点,可以给儿童提供种类均衡的游戏机会,提供艺术材料和角色扮演机会。提供这些类型的游戏机会的重要性,将在第 6 章进行更加详尽的讨论。

请思考

请用你所了解的弗洛伊德的本我、自我和超我理论,思考你教育的儿童的情况。
你能否把弗洛伊德的思想和儿童的行为联系起来?

早期教育机构中常见的其他方面的实践也可以与弗洛伊德的理论联系起来。这些既包括我们如何与儿童建立并发展关系,又包括我们在工作中如何给他们提供情感支持。前述章节中已对这些实践领域做了详尽的探讨。

卡尔·罗杰斯

卡尔·罗杰斯(Carl Rogers)是一位美国心理学家,他最成名的地方可能在于他是一位"患者中心疗法"的创始人。然而,他对教育的贡献也很多。他倡导一种人本主义方法,这种方法同时考察人格和行为。他认为任何人都有发展成为健康的、调适良好的成人的潜质,但是要做到这一点,就需要成人的无条件的积极关注(unconditional positive regard),也需要他们自己的积极自我认同(self-regard)。无条件关注并不是说我们从来不用纪律要求儿童,或者从来不表示失望,而是表示我们关注他们,但不做评判。

根据罗杰斯的观点,自我意识至关重要。他相信,一个人的自我概念主要是有意识的,包含了我们对作为个体的自己和以他人为参照的自己的想法和感情。在罗杰斯的理论里,有两个自我:

- 自我概念(self-concept)——目前现状的自我。
- 理想自我(ideal self)——作为个体最希望拥有的自我概念。

自我概念和理想自我之间的距离越小,人的自尊心就越强。然而,当两者之间的距离太大的时候,人们就遇到了问题。例如,自认为自己是好孩子的人应当是善于分享的人,但是他们却发现,自己被要求分享的资源却是自己希望拥有的东西。这常常产生两种情况,一种是找出理由不分享(歪曲),另一种则是干脆否认这件事的存在。无论是歪曲还是否认,都不能弥补自我形象和理想自我之间的差距,这就使儿童更脆弱,更容易产生焦虑。

案例研究

托比的尴尬问题

在绿色花园幼儿园,一群三岁的孩子围在一张画桌旁。他们在合作制作一张抽象拼贴画,用于走廊展览。资源足够所有儿童同时参与制作。

托比从站在他旁边的孩子那里夺走了他的涂胶棒,那个男孩哭了起来。"本来就是我的。"托比给自己的行为找理由说。欧文是一位早期教育人员,他实施了干预,让托比把涂胶棒还给同伴,他帮托比寻找涂胶棒。"从别人那里抢夺东西是不友善的。你要问别人能否借用一下,或者找到你自己的。"托比把涂胶棒还了回去,也找到了自己的胶棒。两个孩子继续高兴地参加活动。

◆ 你认为欧文对这件事处理得如何?
◆ 欧文为什么告诉托比抢别人涂胶棒的行为是不友好的?
◆ 你认为这件事情对托比的自我形象有什么影响?

请思考

思考罗杰斯的自我概念和理想自我的观点。
◆ 如何使两者之间的差距最小化?
◆ 罗杰斯的理论和本章前文讨论的积极自尊的形成之间有什么联系?

罗杰斯也重视儿童和他们的教师、看护者之间的关系,认为这种关系对儿童的学习经历至关重要。他描述了促进积极学习经历的素质和态度。(如表 5-5 所示)

表 5-5 促进积极学习经历

什　么	怎么做	为什么
真　实	与儿童交流、回应儿童的方式要流露真实的愉快情绪,讲话方式里不能含有评判语气	对儿童的成绩和行为产生发自内心的快乐,比言不由衷的快乐影响更大
接　受	重视儿童个体以及儿童人格的各个方面,尊重他们的思想和观点	如果儿童感到受到周围人的接受和喜欢,他们的自尊程度就更高,这会对他们的学习能力产生积极影响
共　情	从儿童的视角看问题,对儿童在园的经历表示理解	使早期教育人员能够确保给每一位儿童提供高质量的学习经验

小　结

本章探讨的所有理论家都关注情绪和情感发展的重要性。他们强调儿童情绪和情感发展的作用，认为情绪和情感发展应当和其他领域的发展受到同等程度的认可与关注。本章分析了支持儿童情绪和情感发展的重要性、如何支持及其所带来的长期益处。除了这些关键点之外，你作为早期教育人员的作用也得到强调：为了确保托幼机构支持儿童在积极、安全的环境中探索情绪和情感，你的作用是至关重要的。儿童的情绪和情感应当得到承认，并得到妥善处理，从而促进其感情的健康发展。情绪和情感影响到我们的社会交往行为，也影响到我们所做的选择。学会管理情绪和情感，对许多儿童而言可能是困难的，但是如果早期没有得到周围成人的恰当支持，就可能导致他们未来的心理困难。

本章还探究了儿童和早期教育人员之间、早期教育人员和家长之间的高质量关系的价值，明确了支持积极学习性格的影响。这与儿童有机会自由探索、见证和体验情绪与情感一样，使早期教育人员能够确保儿童成为有情商的、成功的学习者。

检查你的理解

1. 你愿意提供什么样的资源和材料，来促进儿童情绪和情感的发展？
2. 你愿意提供什么样的资源和材料，来保证儿童有机会探索情绪和情感？
3. 早期教育人员可以如何支持积极学习性格？
4. 情感指导对表现出消极感情的儿童会产生什么样的影响？

参考文献

Denham, S. (1986) "Social cognition, social behaviour and emotion in pre-schoolers", *Child Development*, Vol. 57, pp194–201

Dowling, M. (2000) *Young Children's Personal, Social and Emotional Development*, Paul Chapman Publications

Dunn, J. (1993) *Young Children's Close Relationships Beyond Attachment*, Sage

Elfer, P., Goldschmeid, E. and Selleck, D. (2003) *Key Person in the Nursery: Building Relationships for Quality Provision*, David Fulton

Erikson, E. (1950) *Childhood and Society*, Penguin
Gardner, H. (1983) *Frames of Mind: The Theory of Multiple Intelligences*, Basic Books
Goleman, D. (1996) *Emotional Intelligence: Why It Matters More Than IQ*, Bloomsbury
Goleman, D. (1998) *Working with Emotional Intelligence*, Bloomsbury
Gottman, J. and Declaire, J. (1997) *The Heart of Parenting: How to Raise an Emotionally Intelligent Child*, Bloomsbury
Macintyre, C. (2002) *Enhancing Learning Through Play*, David Fulton
Maslow, A. H. (1962) *Towards a Psychology of Being*, Van Nostrand
Owen, P. (1997) *Early Childhood Education and Care*, Trentham Books
Pascal, C. and Bertram, T. (1997) *Effective Early Learning: Case Studies in Improvement*, Hodder & Stoughton
Pound, L. (2005) *How Children Learn*, Practical Pre-School series, Step Forward Publishing
Roberts, R. (1995) *Self-Esteem and Successful Early Learning*, Hodder & Stoughton
Schaffer, H. Rudolf (1998) *Making Decisions about Children*, Blackwell
Woolfson, R. (1998) *From Birth to Starting School*, Caring Books

第 6 章
儿童的游戏

导　言

　　早期教育人员要理解并重视儿童的游戏。游戏的最大特点之一就是它允许儿童通过试误学习,同时与此前的学习建立联系,并把知识和理解从游戏的一个领域迁移到另一个领域。游戏给儿童提供了毫无威胁性的探索新经验的机会,这种探索的方式没有对和错。

　　游戏有助于学习和实践,可是游戏受重视的程度如何呢?游戏在有些托幼机构中被保留下来,只是在儿童完成作业之后,用来打发时间或作为一种奖赏,而不是把游戏本身作为学习的载体。一个让人悲叹的事实是,为了达到学业目标,更正式的教育活动占据了主导地位,儿童在学校里游戏的机会特别容易被削减。但是近些年,随着基础阶段单元的发展,大多数学习都是在儿童发起和成人发起的游戏中得以实现,儿童通过游戏学习的好处得到了认可。儿童的学习在游戏中得到促进,而不是以减少游戏为代价。

　　在当今社会,儿童的成长体现为以下特点。

- 户外游戏的自由少了。
- 离开成人,与同伴进行社会交流、游戏的机会少了。
- 和混龄群体游戏的机会少了。
- 来自电视和电脑游戏的视觉输入多了。

　　托幼机构熟悉如何纠正儿童游戏机会种类不均这一问题,这种不均通常是由于某一类游戏过多导致的。传统上,这种不均都是由于玩电脑游戏过度和看电视过多引起的。可是还有另一个儿童群体,他们也缺乏游戏的机会——他们的生活组织过于严密。今天,很多儿童一窝蜂地参加有组织的、结构严谨的课外活动,来扩大体验、培养技能,但这些都是以减少儿童发起的游戏为代价的。这些儿童很少有机会参加"纯粹的游戏",因为他们的生活太忙了。

　　为了给儿童提供最好的游戏机会,我们需要理解不同类型的游戏。一些游戏理论就来源于这些游戏类型,这些理论也影响和指导游戏实践。理解了一系列游戏理论及其哲学思想之后,你就可以预测儿童的行为及反应。你也可以分析并理解观察记录,这反过来又使你能够为儿童提供合理的规划。但是,在把这些理论运用到实践中的时候,保持客观和思想开放是十分重要的。

本章包括以下几个方面内容：
- 早期教育课程的先驱
- 布鲁斯和自由流游戏
- 整合各种理论
- 成人发起的游戏和儿童发起的游戏
- 结构游戏
- 游戏环境
- 启发式游戏
- 户外游戏

本章涉及的理论家和研究者有：
- 弗里德里奇·福禄倍尔，第 147 页
- 列夫·维果斯基，第 151 页
- 苏珊·伊萨克，第 152 页
- 玛丽亚·蒙台梭利，第 153 页
- B. F. 斯金纳，第 154 页
- 玛格丽特·麦克米兰，第 154 页
- 蒂娜·布鲁斯，第 154 页
- 杰罗姆·布鲁纳，第 165 页
- 让·皮亚杰，第 164 页
- 埃莉诺·戈德斯米德，第 171 页

早期教育课程的先驱

弗里德里奇·福禄倍尔

弗里德里奇·福禄倍尔（Friedrich Froebel）把童年游戏作为研究的主体。他通过研究发现游戏对儿童发展和学习的影响。他通过观察游戏中的儿童得出结论，认为游戏在他的教育哲学和照料儿童的工作中具有重要意义。福禄倍尔围绕儿童的自由游戏开创了一个课程，他后来认为这是学习的最高形式。

福禄倍尔相信，教师不应当生搬硬套地教学，因为这在当时是普遍现象，而应当通过游戏、鼓励自我表达的方式进行教学。他高度重视游戏和户外环境，相信空间和阳光是学习的根本。福禄倍尔风格的幼儿园鼓励儿童充分利用户外游戏环境。他认为自由游戏是所有儿童的共性，早期教育人员可以通过把儿童作为个体来观察，提供恰当而明确的帮助，以便支持儿童发展和学习。他把自由游戏看作是儿童全身心参与并能控制的游戏，这

种游戏有很多特点，有丰富的学习机会。蒂娜·布鲁斯（Tina Bruce, 1991）清楚地界定了这些特点，并把这些特点描述成一张相互关联的过程的网络。

布鲁斯的思想将在本章的第154页进行更详尽的论述。

福禄倍尔的工作在整个欧洲和美国部分地区显著提高了游戏的地位，有很多幼儿园根据他的思想提供游戏。他对当今实践产生了巨大的影响，使目前的早期教育课程把游戏作为中心和学习的重要载体。

福禄倍尔相信，通过不同类型的游戏，儿童能够体验到资源和材料，发展对事物运作原理的理解，运用想象力，有创造性并会表演自己的体验。为了让儿童从所有这些可能性中完全受益，早期教育人员有必要提供时间和资源并在现场拓展活动。这本身就是学习。

下面界定了福禄倍尔提出的重要的游戏类型，并给出了活动区域的例子，也许你在实践中能够亲眼看到这种游戏。（见表6-1）

表6-1　游戏类型和学习的可能性

游戏类型	例　子	游戏区域
实　验	◆ 事物如何运作 ◆ 因果关系 ◆ 材料的不同特性 ◆ 不同材料能够发出不同的声响 ◆ 如何计划任务	创造区，兴趣桌，音乐区，沙子游戏和水游戏，建构区，户外游戏
理　解	◆ 社区人员的角色和责任 ◆ 不同儿童对环境的不同反应 ◆ 不同的人有不同的观点、想法和期望	公民，个人、社会与健康教育，圆圈时间，社区人员依据计划的访问，想象游戏，角色扮演，户外游戏
想　象	◆ 新的情形和场景 ◆ 故事可以怎样终结 ◆ 他人在其角色里感觉如何	故事，想象游戏，角色扮演，"小世界"游戏，户外游戏

续表

游戏类型	例 子	游戏区域
创 造	榜样,模式,舞蹈,音乐片段,艺术作品	艺术区,创造区,音乐区,随音乐做动作,户外游戏
表 演	个人的担忧或焦虑	想象游戏,角色扮演区,"小世界"游戏,户外游戏

你可能已经注意到有些游戏类型不止运用于一个领域。如果托幼机构能够提供广泛的经验,涵盖所有这些游戏领域,那么这样的教育环境就可能囊括更多的儿童,进而将总体学习潜能最大化。你可能也注意到户外活动受到高度重视,涵盖了所有领域。因为,福禄倍尔把花园看作儿童学习和发展的最好环境。

请思考

请运用你所了解的福禄倍尔游戏理念的知识,思考你所教养的儿童的情况。

◆ 你提供的游戏机会和经验是否反映了福禄倍尔的观点?
◆ 你在哪些游戏领域更可能看到对福禄倍尔的理念的运用?
◆ 如何知道你满足了全体儿童的学习需求?

福禄倍尔创造性地提出了游戏是学习的最高层次的观点。游戏具备允许儿童运用自己的知识和理解的功能——整合他们所知道的、理解的和感觉的事物。他认为游戏是让儿童灵活思考的工具,儿童在游戏中能够调整自己的知识,尝试各种可能性。他相信儿童应当参与到自己的学习中,而不是看别人的演示或被告知怎么做事情。他相信游戏能够给儿童提供解决问题的机会,让儿童把以前学习的技能和过去的经验用于解决新的问题。

案例研究

团队协作与解决问题

弗兰琪、罗里、奈德、葛莱西都是3岁半到4岁的儿童。他们每周一到周五上午上幼儿园，并经常一起玩耍。他们尤其喜欢玩沙子。

今天他们使用硬纸筒在沙子上做隧道和公路。他们有不少汽车和卡车以及农场的动物。一辆汽车卡在一节长纸筒中。孩子们讨论应该如何解决这个问题。弗兰琪建议把纸筒竖起来，可是汽车就是不动。奈德从想象游戏区拿来一个木调羹，尝试用调羹的柄子把车推出来，可是调羹的长度不够。最后，葛莱西把纸筒竖起来，对着沙盘，用她的手掌使劲拍打纸筒。汽车终于从纸筒里掉到沙子上。

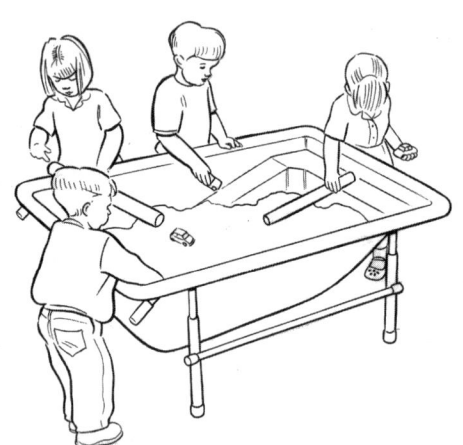

◆ 儿童是如何知道运用这些不同的策略解决问题的？

◆ 辨明儿童获得这些技能的活动和经验类型。

◆ 你所在的幼儿园中，儿童是否会将一种游戏领域中学来的解决问题的策略迁移到其他游戏？

请尝试

观察游戏中的儿童，特别注意他们运用的解决问题的策略。注意他们着手问题并解决问题的方式。你能否分辨出这个技能是否是在托幼机构中形成的？托幼机构中提供的哪些活动和经验帮助儿童形成了这些技能？

良好行为清单

游戏提供的机会

早期教育课程应当给儿童提供游戏机会,以便他们:
- 发展独立性。
- 解决问题。
- 运用想象力。
- 实验。
- 调整思想。
- 投入到自己的学习中。
- 从广泛的资源中选择材料。
- 积极地与周围环境互动。
- 自我激励。
- 在自己发起的游戏中受到观察。
- 自己游戏并和其他儿童游戏。

福禄倍尔对森林学校的影响,在第 1 章的第 31 页已阐述。

列夫·维果斯基

列夫·维果斯基的思想在很多方面与福禄倍尔很相似。他把游戏看作是发展的关键要素,认识到儿童通过社会关系和社会互动学习。他认为游戏创造了最近发展区,儿童在游戏中学习能达到的层次比日常任务中更高。他相信,成人和技能更强的同伴的支持、解释和拓展经验,都有益于这种学习。

福禄倍尔认为儿童应当投入到自己的学习中。与之形成对比的是,维果斯基相信,儿童今天需要帮助才能做的事情,明天就能独立完成(Vygotsky,1978)。维果斯基(Vygotsky,1978)、布鲁纳(Bruner,1976)、莫伊勒斯(Moyles,1999)都认识到了游戏对儿童社交能力的影响。他们都重视早期教育人员,认为早期教育人员在帮助儿童扩充和运用自己的知识方面具有至关重要的作用。

维果斯基的理论已在如下章节讨论过:
第 2 章"儿童如何学习",第 49 页。
第 3 章"儿童的交流",第 68 页。
第 4 章"儿童的关系",第 97 页。
布鲁纳的理论也在如下章节进行了讨论:
第 2 章"儿童如何学习",第 54 页。
第 3 章"儿童的交流",第 69、83 页。
第 4 章"儿童的关系",第 99 页。

苏珊·伊萨克

苏珊·伊萨克(Susan Isaacs)先在曼彻斯特大学学习哲学,此后又在剑桥的纽纳姆学院学习心理学。她对儿童游戏尤其感兴趣,认识到游戏在儿童发展中的重要性。她的开拓性研究本质上理论性很强,融合了哲学、心理学和心理分析。她曾经在一个具有自然主义思想的幼儿园中工作,她的哲学思想很多都来源于她对其中2—9岁儿童的观察和详细记录。这使她有机会反思儿童的学习和发展,构建了自己的理论研究框架。她把儿童看作是积极的学习者。她相信,通过游戏、适度的指导和支持,儿童能够理解他们周围的世界。伊萨克认识到了想象游戏的价值,并且相信这种游戏方式应当受到早期教育人员的重视和鼓励。像福禄倍尔一样,她还认识到了户外游戏环境的重要性,鼓励儿童充分利用户外空间发展探索能力和探究能力。

伊萨克对年幼儿童的情感发展也很感兴趣。她认识到了游戏对儿童情感发展的作用,致力于帮助儿童应对恐惧,帮助儿童对他人移情。她认为如果成人对儿童不好,就会对儿童的情感发展产生副作用,因此,她总结出成人和儿童的互动应当采用积极的、尊重的方式,不要挖苦讽刺或食言,而是要用敏锐的方式回答儿童的问题。儿童的自主游戏(self-directed play)和学习要放到首要位置,成人的干预越少越好。成人的角色基本上就是观察儿童,确认他们的需求和兴趣,并据此为他们规划合适的课程。伊萨克的很多早期教育哲学思想都根植于福禄倍尔的"做中学"(learning through doing)理论。她的哲学思想包含三个关键点:

- 强调好奇心和探索性的游戏。
- 以语言的发展和运用来促进思维。
- 密切注意儿童的情感发展。

与布鲁纳为学习搭建鹰架让儿童再上一个台阶的理论相比(见第2章的讨论内容),伊萨克相信不动声色的、正面的鼓励,向儿童展示该做什么和如何做这些事,学习效果要好很多。她的著作在20世纪20年代和30年代的教育界产生了巨大影响。

请思考

请用你了解的伊萨克关于游戏的哲学观点,思考你教育的儿童的情况。
- ◆ 在儿童的游戏经历中,早期教育人员如何支持并鼓励儿童?
- ◆ 他们交流的方式是否反映了伊萨克著作中的思想?

伊萨克对森林学校的影响,在第1章的第31页也有阐述。

玛丽亚·蒙台梭利

玛丽亚·蒙台梭利在第1章已作介绍。

蒙台梭利通过密切观察儿童得出结论:儿童通过感觉器官学习效果最好,她相信感官应当先于智力发展。她相信儿童可以通过运动,尤其是手的运动来学习。她认为手的运动和智力、认知发展密切相连。通过观察,她还得出结论:非常小的孩子也能学会阅读、书写和计数。然而,她认为应当在儿童对这一切技能表现出兴趣后再教他们。

蒙台梭利发现了"敏感期"(sensitive periods)——在敏感期,儿童对学习特别热心。她认为当感官做好学习新思想的准备后,儿童的这种敏感期就到来了;早期教育人员应当能够识别儿童发展中的敏感期。蒙台梭利的课程很多都以运用感官为核心,活动都是精心设计的,目的是使感觉器官运用最大化。呈现活动的时候提供了以下机会。

- 运用所有感官,不仅是视觉和听觉。
- 包括户外和户内活动。
- 让儿童自己探索,没有指导。

今天幼儿园里的蒙台梭利课程的依据是蒙台梭利教育原则。此课程的目的是支持儿童的个人和社会性发展的各个方面,并体现为第1章第15—17页表格中的课程领域。

蒙台梭利学校的教师宣称,这种方法促进了儿童的全面发展,有助于把儿童培养成独立的、有信心的决策者。然而,批评者指出此课程缺乏学业内容,教学中心只是日常生活技能。蒙台梭利认识到了学习环境对儿童可能产生的影响。她运用的很多教学资源都是为她方法特别设计的。例如她建议,家具应当和儿童的身高相称,让儿童能自由选择资源和材料。这一理念在今天所有托幼机构和学校都已经成为现实。在遵从蒙台梭利方法的教育机构中,游戏被认定为学习的主要载体,儿童拥有长时间的没有打扰的游戏机会。早期教育人员在游戏中追随儿童的做法,鼓励儿童运用他们的感官去探索和发现。

 **案例研究**

在蒙台梭利学校里学习

早春时节,一小组儿童正欢快地在蒙台梭利学校的花园里玩耍。他们正和一位成人一起观察盛开的雪花莲和番红花。他们是在秋天种下这些花的。成人鼓励儿童仔细观察这些花朵,并动笔把它们画下来。有一个孩子还嗅了嗅雪花莲,并说这些花没有气味。成人问这个小组的孩子是否愿意嗅一嗅这些雪花莲,看看它们是否有气味。

◆ 这位成人是如何鼓励儿童通过感官进行发现的?

◆ 你认为这个成人是在领导儿童还是在听从儿童的领导？
◆ 你是如何鼓励儿童通过感官学习的？
◆ 你是否能回忆起什么时候你在活动中追随儿童的做法？你是否从中学到了什么？

更多有关蒙台梭利的信息，请参阅第 1 章中的第 13—18 页。

B.F. 斯金纳

斯金纳以其行为主义理论而著称，他从啮齿目动物的实验中得出理论，然后运用于儿童身上。他相信行为是学来的，而且是受影响的。他把游戏看作经过一段时间的学习后给儿童的奖赏，而不是一种学习手段。虽然他的操作条件反射理论（operant conditioning theory）已经被运用到行为调整技能方面，这种技能今天已经被广泛使用，但是他的游戏观点受推崇程度并不高。

斯金纳的思想还可见第 3 章的第 64—65 页的相关论述。

玛格丽特·麦克米兰

玛格丽特·麦克米兰（Margaret McMillan，1860—1931）在 1923 年当选为幼儿园协会主席。她的工作重心在于贫困家庭儿童的健康和福利。她建立了幼儿园，既提供关怀，又提供教育。她在幼儿园设立了吃饭、睡眠时间和户外游戏的常规日程。她认为儿童入学准备不足，是因为人们没有认识到提供早期教育的重要性。麦克米兰的教育思想吸取了福禄倍尔的理论，特别强调自由游戏和户外环境。她所采取的总体方法被当成了榜样，不但影响了幼儿园的建筑风格，而且有助于建立幼儿园医疗服务和幼儿园膳食服务，这在今天已为我们所熟知。

麦克米兰对森林学校的影响在第 1 章的第 31 页已作阐述。

■ 蒂娜·布鲁斯和自由流游戏

蒂娜·布鲁斯（Tina Bruce）是英国早期教育的引领者。她特别强调游戏为儿童步入社会做准备方面的益处。她认为游戏在早期教育中至关重要，并推崇游戏对儿童社会交往能力的贡献。目前早期教育中越来越强调正式教育，儿童的游戏权利是否因此受到否定？她对此提出了质疑（Bruce，2001）。

布鲁斯根据自己的研究，提出了自由流游戏（free-flow play）的观点。她把自由流游戏表述为一种相互关联的网络，其中包含竞争、探索、操控、发现和实践，总之就是有助于儿童发展的所有催化剂。自由流游戏起源于游戏的12个特点,这12个特点在儿童发展中十分重要。如果把这些特点放到一起考量,就可以评价游戏是否有足够的质量被称为"自由流游戏"。

自由流游戏的12个特点

1. 这是一个积极的过程,没有最终成果。游戏经验和游戏活动本身就有益处,就是一个有价值的学习过程,根本不必有最终成果,例如一幅画或者模型。

2. 这种游戏是本能驱动的。儿童因为天生的好奇心的驱动而参与活动或者体验。

3. 这种游戏不强加遵守规则、承受压力、追求目标或既定方向等方面的外部压力。游戏的方式没有对错之分。

4. 游戏有各种可能的情况可供选择,经常使用的单词包括"假设"或者"如果……怎么办",这就使游戏参与者达到最高水平。其中包括富有想象性、创造性、新颖性和革新性。

5. 游戏促使参与者全面深入各种思想、感情和关系中。这就需要反思并了解大家在做什么。

6. 游戏积极运用此前获得的直接经验,包括竞争、操控、探索、发现和实践。儿童可以使用过去的经验来发展新的技能,或者继续发展现有的技能。

7. 在达到完全流动的状态下,游戏得到持续发展,帮助我们超出实际生活能力进行发挥。这类似于维果斯基的思想,他认为儿童只要不是完成日常任务,而是在游戏中,就能超水平发挥。

8. 在自由流游戏中,我们运用此前发展起来的技艺、能力和特长,所以游戏是可控的。

9. 游戏可以是儿童发起的,也可以是成人发起的。但是,如果是成人发起的,成人尤其要注意特点3、特点5和特点11。

10. 可以是独立游戏。即使是独立游戏,儿童也能体验到高质量的游戏。

11. 可以与同伴游戏,或者不论是和成人还是成人和儿童一起,大家共同游戏。

12. 这种游戏本身就是一个整合的机制,把儿童所学会的、了解的、感受的和理解的全部整合到一起。

来源:改编自 Bruce(1991)

当儿童参与自由流游戏的时候,他们就能够达到最深入的、最广泛的学习水平。游戏不仅关乎学会新技能,而且还关乎用灵活的、富有想象力的方式运用已经掌握的技能。除了蒙台梭利和斯坦纳(见第1章,第18页)之外,布鲁斯还从福禄倍尔的著作中汲取养分,确定了游戏的10项原则。

> **游戏的 10 项原则**
>
> 1. 童年本身就有价值,是人生的一部分,不能仅仅把童年看成是成年的准备阶段。童年具有当前性,不仅仅是为了未来的操练。
> 2. "完整的孩子"(the whole child)被认为是重要的,包括健康、身体、情感、社会性、智力和精神的发展。
> 3. 学习不能被割裂,而是一个整体。
> 4. 内心的驱动引起儿童发起的自我指导的活动,应当受到重视。
> 5. 强调自律。
> 6. 在不同的发展阶段都有学习的特别敏感期。
> 7. 儿童能够做到的是早期教育中的起点。
> 8. 儿童身上有一个包括想象力的内部结构,这种内部结构尤其会在有利情形下产生。
> 9. 与儿童交往的人至关重要。
> 10. 儿童教育被看成是儿童和环境之间的互动。
>
> 来源:Bruce(1987)

上述 10 项原则为早期教育人员提供了规划和实施课程的有益框架。除了上述自由流游戏的特点和游戏的原则之外,布鲁斯还描述了游戏的 12 个特点,她认为自由流游戏就源于这 12 个特点。当这些特点被当成一体进行考虑的时候,就可能在一个教育机构内对自由流游戏的质量进行评价。如果 12 个特点都存在,就可以相信我们观察了正在进行的自由流游戏;如果只有几个特点存在,我们就不能认为它是自由流游戏。

> **游戏的 12 个特点**
>
> 1. 儿童在游戏中使用生活中的直接经验。
> 2. 儿童在游戏中制定规则,因此能够控制游戏。
> 3. 儿童制作游戏道具。
> 4. 儿童主动选择玩游戏。不能强迫他们玩游戏。
> 5. 儿童在角色扮演中对未来进行预演。
> 6. 儿童在游戏中进行假扮活动。
> 7. 儿童有时独自游戏。
> 8. 儿童和/或成人一起游戏,以结对或小组的形式进行平行游戏、联合游戏和合作游戏。

> 9.每个游戏者都有个人游戏计划,虽然他们也许并没有意识到这一点。
> 10.参与游戏的儿童高度投入,很难从深入学习中分神。
> 11.儿童在游戏时,验证他们最近学习的知识、技能和能力。
> 12.儿童在游戏时整理自己的思想和感情,并理解相互关系。当游戏得到调整时,就以持续的方式流动,所以称之为"自由流游戏"。
>
> 来源:Bruce(2001)

布鲁斯的理论还在以下章节中讨论过:
- 第2章"儿童如何学习",第49页。
- 第3章"儿童的交流",第75页。

整合各种理论

你可能已经从自己的实践中看到了本章所讨论的早期教育先驱者的哲学思想和理论观点。他们的思想对今日早期教育计划和框架的规划产生了巨大影响。《基础阶段课程指南》(参见第1章第2页的阐述)认为,游戏需要时间和空间,并引用了上述很多哲学家的观点。

当我们仔细审视这些哲学思想和理论观点的时候,不难发现,这些思想有很多共同点。
- 它们的依据都是多年审慎的观察,对于确定儿童的学习需求而言,这些观察价值无限。
- 它们既认可游戏的价值,也认可游戏对儿童产生的影响。
- 它们承认成人在帮助、支持和拓展儿童学习中的重要作用。

这些理论一直都肯定成人有如下作用。
- 支持儿童的需求,并对需求作出回应,承认儿童的潜力。
- 支持作为游戏者和学习者的儿童。
- 丰富儿童的游戏。
- 支持儿童的思想,并用其他思想和资源来拓展儿童的思想。
- 通过选择主题让儿童能够发展自己的游戏。
- 强调以敏锐、尊重的方式互动,重视儿童的思想和贡献。

这些理论和观点可以分为以下几类(见表6-2)。

表 6-2 有关游戏的观点

观　　点	理　　论
浪漫主义观点 儿童的发展和学习被看成一个整体,游戏被看作童年的一个组成部分。儿童在游戏的时候是快乐的,游戏也是学习	与福禄倍尔的游戏理论有关
行为主义观点 游戏是一段学习之后的奖赏	与斯金纳的操作条件反射理论有关
治疗观点 把游戏看成支持儿童情感发展的一种手段	与伊萨克的理论有关
认知观点 承认游戏是儿童发展一系列技能,如交流、解决问题、理解社会规则的一种途径	与福禄倍尔、维果斯基的理论有关
生理学观点 承认游戏是支持创造力和想象力发展的手段,而创造力和想象力的发展是人类大脑发展所必需的	科学家和心理学家已经得出结论,游戏作为全人类都会的东西,肯定有一种生物功能

当我们考虑游戏的这些不同观点时,我们可以看到游戏涉及选择、空间和时间。不同观念对游戏价值的认可程度不同。例如,蒙台梭利没有认识到想象游戏的价值。在她看来,游戏只有与现实生活活动相联系时才能充分体现其价值。

正如本章所概括的那样,游戏理论随着时间的变化而发生变化,游戏观念不同,侧重点也不同。然而,对儿童为什么游戏,他们都有类似的理论。

图 6-1　探索并表达感情

● 游戏使儿童得以探索和表达思想、情感。游戏可以看作是情感治疗,为紧张情绪提供一个安全出口。儿童有机会去体验感情,从而学会更加理性地应对感情。(见图 6-1)

图 6-2　放松和社会交往

● 游戏提供放松、与他人进行社会交往的机会。(见图 6-2)

图 6-3　用掉多余的能量

● 游戏使儿童有机会用掉过剩的能量。（见图 6-3）

图 6-4　操练技能

● 游戏使儿童能够操练技能，为下一个发展阶段做准备。（见图 6-4）

图 6-5　解决问题

● 游戏挑战儿童解决问题的技能，发展他们的认知、操控和社会技能，这些都有助于儿童在智力上的全面发展。（见图 6-5）

图 6-6　坚韧不拔的精神和自信

● 游戏使儿童通过发展坚韧不拔的精神以及社会互动、自尊和自信，掌握学习能力。（见图 6-6）

早期教育中高质量的游戏经历为儿童今后的学习奠定了坚实的基础,这已经得到人们的认可。这一事实促使《基础阶段课程指南》廓清了对学前教育的要求:应当以托幼机构中广泛认可的以游戏为基础的课程为出发点,实施教育活动。

下面的清单有助于评价你所在的教育机构中提供的游戏的质量。

 **良好行为清单**

评价游戏质量

- ◆ 确保日程安排中包含大量时间供儿童游戏。
- ◆ 随时准备加入儿童的游戏,但是不能接管儿童的游戏。
- ◆ 在游戏中以有意义的、敏锐的方式和儿童互动。
- ◆ 知道什么时候离开儿童,让他们自己发展自己的游戏。
- ◆ 为游戏创造挑战性的、令人兴奋的环境。
- ◆ 重视儿童的思想、思维和感情,鼓励他们将想法变成室内活动的新场景。
- ◆ 观察游戏中的儿童。
- ◆ 提供复习游戏经验和场景的机会。
- ◆ 游戏的可能性是无限的,但是应当以儿童自己的兴趣为基础。

 **请尝试**

选择上表中"良好行为清单"的第一条,"确保日程安排中包含大量时间供儿童游戏",评价你所在的教育机构中的日程安排。

- ◆ 一天或一堂课中儿童有多少时间用于游戏?
- ◆ 儿童参与了哪种游戏?
- ◆ 观察游戏中的儿童,针对他们在游戏中运用和发展的技能列一个清单。
- ◆ 回顾阅读本章的情况,你从自己列出的清单中可以得出什么结论?

成人发起的游戏和儿童发起的游戏

对"成人发起的游戏"(adult-initiated play)这个术语的理解,因为教育机构不同,会有很大的差异。早期教育人员以儿童的现有知识为起点,利用这个术语来计划合适的活动和经验,并作为宝贵的教育工具使用。如果成人发起的游戏在运用时经过深思熟虑和敏锐洞察,就会有很多机会发展和实现一系列技能。莫伊勒斯(Moyles,1999)相信,恰当的成人发起的游戏能够保证儿童的学习以目前的学习和发展阶段为基础。可是,要真正地实现这一点,就必须仔细观察儿童发起的游戏(child-initiated play)。这可以让你更清楚地了解儿童的兴趣所在和能力大小。

在儿童参与成人主导的游戏的时候,他们所展示的技能和能力可能相当有限。这是因为有成人计划和实施的活动目标非常明确,儿童不能随便偏离目标。因此他们只能展示活动所需要的技能,而在儿童发起的游戏中就可能展示其他技能。

案例研究

母亲节的黄水仙

在蝴蝶幼儿园,儿童分成小组,忙着制作母亲节贺卡。材料已经由工作人员准备好了。蛋盒已经染成黄色,并且剪切成了代表黄水仙的喇叭形;茎、叶是用绿色的卡片剪切的;黄色卡片已经整齐地对折,里面写着"母亲节快乐"。工作人员一个一个地教儿童如何把这些东西拼起来,即按照样本复制一张卡片。在活动中,另一名工作人员观察正在作业的儿童,并做个人记录。她注意到,大多数儿童都能按照要求去做,很少有不会的。

◆ 你认为观察的成人为什么不能从参加这项活动的儿童身上得出更多的结论?

◆ 这项活动还能如何给儿童呈现,才能真实地了解儿童的技能和能力?

如果你使用儿童参与成人主导的活动的观察记录,就会发现这可能导致多余的活动和经验,这些活动和经验对儿童的学习影响较小。

从儿童参与他们自己发起的游戏的观察记录中得出的发现,可以在规划相关活动和经验的时候提供信息,以便这些活动和经验能够发展儿童的现有技能并刺激新技能的产生。对于早期教育人员而言,观察总是一项耗时的任务,在面临很多其他压力和时间限制的时候,这项工作往往会后推。可是,如果不利用这种搜集儿童信息的重要工具,我们对游戏的规划就会没有效果。有的时候,我们因为有了对儿童的大体观察,就认为自己了解了儿童。实际上,具体的、专门的观察记录以更加详尽的方式给予儿童及其能力更精确的描述。

案例研究

一起游戏

索菲4岁10个月了。上学一个学期,她好像融入班级很好。在为家长准备咨询的时候,班级的教师在儿童自由游戏活动中对每一名儿童进行了观察。通过这些观察可以看出,索菲经常处于游戏的外围——在其他儿童旁边玩耍,而不是和其他儿童一起玩耍。

- 你认为为什么只有在集中观察的时候才能发现这个问题?
- 你认为这个班级的教师应当采取什么行动?

观察游戏中的儿童使你能够:
- 确保儿童的安全。
- 发现新的游戏模式和主题。
- 了解任何新生的问题。
- 找到支持和拓展游戏的方法。
- 找到挑战的机会。
- 开始了解每一个孩子。
- 在理论和实践之间建立联系。
- 显示我们对儿童游戏有兴趣,并重视儿童的游戏。
- 为规划合适的、恰当的课程提供信息。
- 为儿童如何利用环境和资源提供证据。

请尝试

在一个星期内的自由游戏时间,每天观察一个儿童15分钟。
- 他们选择玩什么的时候,是否是一个常见的模式?
- 他们是否选择和同样的儿童一起玩耍?
- 你认为这个儿童目前的兴趣可能是什么?

运用这些观察中收集到的信息安排两个活动,让这个儿童能够发展技能。
如何运用观察中得到的信息,为全体儿童规划合适的活动?

成人发起的互动的水平和质量,对游戏的质量有直接影响,对儿童今后的学习也有直接影响。互动的本质应当是支持性的,对学习具有鹰架的作用,有利于把儿童带到下一个层次(Bruner,1976)。布鲁纳还相信,指导是学习过程的重要组成部分,这和皮亚杰的理论形成很大反差,皮亚杰把成人的角色看成是促进者。布鲁纳辩称,成人应当积极干预,帮助儿童建构新的知识,达成新的理解。早期教育人员如果能够敏锐地干预,为儿童学习搭建鹰架,就能提高游戏的质量。然而,你必须知道什么时候进行有意义的、敏锐的互动和干预。

表 6-3　和游戏中的儿童互动

为什么	◆ 给游戏有困难的儿童提供支持 ◆ 支持学习 ◆ 拓展学习 ◆ 提供作为游戏起点的想法
什么时候	◆ 当儿童请求互动的时候 ◆ 当你认为有必要互动的时候
什么方式	◆ 用敏锐的、有意义的方式 ◆ 在你观察到哪种互动形式最好之后

案例研究

健康中心

在"第一步幼儿园",角色扮演区每两周更换一次,以便儿童能够体验到更为广泛的角色扮演场景。目前是一个健康中心,中心的主题是"社区"。四个儿童正积极参与到区域内的游戏中。一个孩子正在用听诊器听一个洋娃娃的胸部,另一个孩子正在给几个洋娃娃称体重,并在记录本中记录重量。还有两个孩子正在候诊室里讨论可能的诊断。虽然不是所有孩子都在一起游戏,但是其他人也在旁边高兴地游戏,并恰当地运用资源。麦克斯,一名早期教育人员,进入了区域,用请求一杯茶的方式试图加入游戏。没有一个孩子接待他,他的第二个请求也被忽视了。麦克斯在候诊室坐下,假装生病,请求"医生"看病。可是孩子们仍然没理会他。他还是坐着,观察孩子们游戏;然而,孩子们一个一个地离开了这个区域,到别的地方玩去了。

◆ 你认为儿童为什么不和麦克斯互动?
◆ 你认为麦克斯还能用什么不同的方法接近儿童?
◆ 你能否想到一个自己不知不觉中打扰了儿童游戏的场景?
◆ 我们如何知道什么时候不需要互动?

在有些早期教育机构中,成人发起的游戏被错误地理解成为儿童做事情,结果是活动对儿童价值很小,或者没有价值。如果这种形式的游戏占据了其他形式游戏的先机,使高质量学习机会最小化,那么这种形式的游戏的价值就更小了。在有些早期教育机构中,有的时候活动的体验还停留在"传输带"阶段:成人按照名单的顺序一个一个点名要求儿童完成一项活动。成人指导儿童朝事先预定的学习成果迈进,而不主张有所偏离。这种为了完成技艺活动的做法非常常见。其焦点是这种活动的最终结果而不是过程本身。

 **案例研究**

黏 土

"红色"班每周有一次机会用黏土进行创造性活动。班级的教师为儿童规划了活动,并由一名助理教师和儿童一起做黏土工艺。这位教师已经允诺她的计划鼓励个性化选择和创造性。在一天结束后,她听到一个小组的儿童讨论班级为庆祝排灯节(Diwali)而制作的黏土灯盏,这些灯盏已在教室里展示出来。

"我不喜欢弄黏土。"一个孩子说,"我不喜欢叶芝夫人给我做的东西。"

◆ 你认为这个儿童为什么不喜欢黏土游戏?
◆ 这位教师有什么地方做错了?
◆ 想一想你在自己的教育机构中给儿童提供的支持。你的行为方式是否有意义并且安排得很明智?

在创造性活动中,如果成人对儿童过度支持,那么儿童的主人翁意识就会淡化,学习经验的潜在价值就会减少。当儿童能够自由去选择完成这种类型的活动时,活动才最有学习的潜在价值。当儿童自由选择活动和游戏经验的时候,他们更可能集中注意力,发展新的和现有的技能,从而保证游戏最终完成。皮亚杰(Piaget,1962)的认知发展理论强调了"主动发现学习"以及以儿童为中心的课堂的重要性。在实践上,这意味着:

- 早期教育人员应当是学习的促进者,给儿童提供学习的机会,而不是去教儿童。
- 应该强调的是学习过程而不是最终成果。
- 对儿童发展的评价至关重要,只有这样才能确定合适的活动。
- 活动应当能够自动地激发儿童的兴趣,进一步发展其技能。
- 活动的挑战性要恰当。
- 经验越真实越好(具体的经验)。
- 早期教育人员要鼓励儿童相互间积极进行互动。在小组中,儿童有相互学习的机会。

就成人发起的游戏和儿童发起的游戏而言,应当以儿童发起的游戏为重心。下面的清单有助于评价你所在的教育机构中的工作重心。

 **良好行为清单**

明智地支持游戏

如果你能做到如下几点,那么你就很明智地、有意义地支持了儿童的游戏。

◆ 在过程和最终成果之间,即使不侧重于过程,也至少要同等重视过程。

◆ 认识到在什么时候应当提供明智的支持。

◆ 在给儿童提供想法的时候,使儿童有选择的机会。

◆ 运用游戏观察记录来给计划提供参考。

◆ 保证儿童在发展自己的游戏。

◆ 把游戏观察记录作为成绩记录的一部分。

结构游戏

自由流游戏能够带来很多乐趣和知识。但是,有些游戏可能重复。在计划游戏的时候,你可以对儿童进行刺激、鼓励和挑战,从而扩展他们的知识,引进新的技能。支持儿童游戏,需要你明智、细心地互动。

在提供结构游戏(structured play)的机会和活动时细心地支持儿童,游戏的益处才能在更加正式的学习中发挥作用。你可以做示范,从而促进儿童的学习。例如,展示事物的工作原理、表演角色或提出建议。你还可以做口头指导,鼓励儿童解决问题。

螺旋式游戏

布鲁纳的"螺旋式课程"概念在第 2 章的第 55 页已作阐述,这个概念也可以用于游戏。在螺旋式游戏(spiral play)的过程中,儿童可以重复活动和体验。这种重复有助于他们拓展思想、巩固理解,这样的学习质量更高。儿童有必要对活动进行重复和操练,来巩固他们已经学会的东西。在螺旋式游戏中,活动的呈现方式都是经过简化的——在儿童重复活动的时候,呈现方式变得更加复杂。

丰富多彩而且有价值的游戏机会,在促进和提高儿童学习、给你提供观察儿童的机会方面是至关重要的。观察游戏中的儿童,能够使你洞察儿童发展的很多方面。他们相互之间的活动方式鲜明地说明了他们的社会交往能力的发展和情感发展。他们选择用来游戏的物品,能够提示他们目前的兴趣和爱好。儿童在游戏中如何解决问题,可以让你洞悉他们的认知发展和智力发展……深入了解这些方面是有益的,因为这不但能给你的计划提供信息,使你能够给儿童的学习提供帮助,而且使你的任何评估都真实有效。

 **良好行为清单**

螺旋式游戏

在如下情况下,有必要让儿童重复体验:
- 活动的计划中设定了儿童可以按照自己的希望重复的机会。
- 正好有相同的资源和材料,可供儿童选用。
- 有时间让儿童自由选择重复活动和体验。
- 规划考虑到有些儿童比其他儿童更需要而且更想要重复活动。
- 提供机会,让儿童反思自己学习了什么知识以及如何学会这些知识。
- 资源质量高,呈现出来对儿童的吸引力大。
- 工作人员花时间观察儿童游戏,进行了必要的改变,以确保儿童有机会重复活动。

 **案例研究**

罗西的花园

罗西5岁,刚刚开始上学。整个下午,她都在创作区完全着迷于做一个模型。她用了许多盒子和材料来创造花园的模型。可是不幸的是,她未能在上课时间完成。放学时,她被允许将模型带回家。这让她很烦恼,因为她的模型没有完成,她想第二天再继续做模型。教师向她解释说,不能这样,因为他们还计划了第二天的活动。罗西把模型带回了家,但是在父亲问她的时候,她拒绝回答。

- 给罗西重复这些活动的机会,为什么是十分宝贵的?
- 你认为罗西为什么不愿跟父亲说模型的事情?
- 如果你所在的教育机构中,儿童希望完成一件没完成的作品或者重复活动,你会如何对待他们?

通过游戏评价儿童的学习

伍德和阿特菲尔德(Wood and Attfield,2005)认为,评估和测评在教学中处于牢不可破的中心地位。评估使早期教育人员能够:
- 提升他们的专业知识,加深对"儿童如何学习"的理解。
- 准确判断儿童的学习和过程。
- 了解教学效果。
- 对所提供的游戏和活动进行批判性反思。
- 巩固和拓展儿童的现有知识、技能和理解。
- 在家庭、社区、学前教育机构和学校之间建立联系。
- 整合能够与家长和其他专业人员分享的信息。
- 评价游戏环境的质量。

游戏环境

为了保证你提供的游戏机会丰富多彩且弥足珍贵,你需要仔细考虑设备和材料如何呈现,以及环境如何布置。学习环境的质量,对儿童的学习内容和学习方式有重要影响。

传统上,早期教育机构都把空间分成独立的结构区域,例如角色扮演区域、"小世界"游戏区、创造性区域和建构区域。这样布置环境的好处是具有实用性,每一类游戏的资源和材料可以在一起展示。也有利于儿童在游戏之后整理归位,因为儿童很容易找到物品原来的位置。然而,提供一个有分区的游戏环境,反而可能对游戏产生限制,使游戏更加刻板教条。儿童会从环境中得知他们要干什么。如果环境布置刻板,还不时有成人提醒不要把一个区域的资源移动到另一个区域,就更会限制儿童游戏的进展。

案例研究

不要搞得一团糟

艾比4岁,每个星期在绿园幼儿园五个下午。她非常活泼,特别喜欢体育活动。她已经有了几个朋友,不过目前她喜欢在其他人旁边玩耍,或者自己一个人玩。

艾比每天都选择一个可以坐上去的卡车,从一个区域"开"到另一个区域,还经常自言自语地说自己在做什么。第一次她从建构区的每一个托盘上拿起一把小建筑玩具装到卡车上。她"开"着车来到想象区,并把一车东西卸下来，放到了"面包店"。

"这是发给你的。"她边说边把物件放到"面包店"的地板中间。

"谢谢。我们需要更多的东西。我们的蛋糕全卖光了。"另一个孩子边说边仔细地在面包托盘上给建筑玩具分类。

一位成人立即介入了，把艾比唤回了想象区，让她把自己弄乱的东西整理好。成人还提醒她说，玩具不能从一个区域搬到另一个区域，因为这样就搞得一团糟，需要花太多的时间来整理。

- ◆ 艾比的游戏揭示了她哪些方面的发展？
- ◆ 这位成人错过了拓展或发展艾比的什么学习机会？
- ◆ 你在这种情况下会如何回应儿童？

你应当把每个区域都看成和其他区域有潜在的互动可能性，允许儿童把资源从一个区域搬运到另一个区域。这能引发更富有创新性的游戏。不过，也需要考虑儿童的安全和资源的安全。儿童很善于运用想象力，如果找不到所需物品的话，他们会很自然地用其他物品代替。这最常见于枪战游戏，儿童会把手指或者小的建筑玩具当作枪支来玩。

 **案例研究**

建造一辆公共汽车

一群3—4岁的幼儿园孩子正在合作，用大积木建造公共汽车。车辆建好以后，他们就讨论用什么做方向盘。公共汽车司机出去寻找合适的物件，其他人坐在公共汽车上。司机回来了，手里拿着大手鼓，坐到了汽车的前方。当汽车开往"购物中心"的时候，成人向孩子们挥手致意。

- ◆ 你认为儿童为什么能如此自信地运用幼儿园的材料？
- ◆ 你是如何鼓励这类游戏的？
- ◆ 你认为有哪些资源不宜从一个区域搬运到另一个区域？
- ◆ 你如何确保儿童知道哪些资源和材料可以用这种方式游戏？

刻板的分区环境会给儿童传递这样的信息：他们的游戏也要分区。这就限制了他们的选择，也限制了他们将知识和理解从一个领域迁移到另一个领域。

请思考

请利用你的知识、经验及所读的内容,思考以下问题:
◆ 游戏和学习有什么联系?
◆ 你需要什么条件去支持儿童通过游戏学习?
◆ 你所在的教育机构中有什么限制,使你不能提供高质量的游戏?
◆ 应当如何应对这些限制?

获取材料和资源

如果适宜的材料与资源容易获得,就能够鼓励儿童自由选择他们想要的东西进行游戏,使他们从自己的起点获得进步。如果你预先选好了材料并放到桌子上,那么进行游戏就阻碍了儿童自己的选择。能够选择游戏中的物品,会使儿童受到鼓舞,进而鼓励他们学习,这也是高质量的学习环境的一个重要因素。

案例研究

没有吸引力的活动

杰姆和阿利马管理社区的游戏小组。他们仔细规划儿童每天要做的事情,并且在房间里安排了与儿童年龄相适应的一系列活动。他们从很小的选择余地中例行公事地选择拼图玩具和桌面玩具,并把这些放到桌子上。最近,他们发现儿童并不选择他们放到桌上的东西进行游戏。

◆ 你认为可能是什么原因导致儿童不愿玩桌面玩具?
◆ 这可能对儿童的学习产生什么影响?
◆ 你认为杰姆和阿利马应当怎样解决这个问题?

玩 具

作为早期教育工作者,我们认识到了可以被称为更传统的玩具的价值,例如橡皮泥、积木、艺术材料、"小世界"玩具。这些类型的玩具对儿童很有好处,能够帮助他们发展伴随终生的技能、解决问题的方式以及培养坚韧不拔的精神。你所教的儿童很多都接触过作为学习工具而出售的玩具。现在有大量的玩具用来提高学习效率,并快速跟踪学习效果。如会向儿童提问的有声电子玩具,很容易被用于替代成人的陪伴。但这类玩具学习价值很小,因为它们只是向儿童灌输知识,而不给儿童自己探索、发现、实验和尝试的机会。正如本章所讨论过的一样,只有成人对儿童的需求提供及时的帮助,儿童能够自由地进行游戏、探索的情况下,才能达到最高的学习效率。你可能也注意到,最能激发儿童兴趣的玩具和资源却常在玩具店人们最少去的角落里,这是一个很有趣的现象。

和婴儿玩耍

婴幼儿通过感官探索环境。他们开始逐步理解事物是如何运作的,事物能够干什么,同时和他们已有的知识建立联系。

经过精心设计和组织的材料与资源,使婴幼儿能够作出选择,并重返从前的游戏经验。在提供游戏机会的时候,你要考虑如何让资源容易获取。要给婴儿机会,让他们选择游戏使用的玩具和决定如何玩这些玩具。值得注意的是,早期教育人员应当想好如何给不同年龄的儿童提供活动和经验。书籍应当放在篮子里或者低矮的书架上呈现给儿童,"小世界"玩具和人物应当放到低矮但是结实的箱子里,简单的积木要容易拿取。

成人可以给婴儿提供两件不同的物体,让他们伸手抓握,例如一个发出咔嗒咔嗒声的东西和一个柔软的玩具。如此一来,婴儿也有了选择。百宝篮(详见第171页)也能给婴儿提供选择。

对于学步儿童和学龄前儿童,早期教育机构要确保供儿童选择的活动具有趣味性,并引人入胜。这就使决策成为让儿童感兴趣的体验,成为他们喜欢参与的活动。托幼机构偶尔也会把玩具放到婴幼儿无法够到的地方,这会使他们没有选择机会。

《0—3岁教养方案》在第1章已作阐述。这个方案认可了如下做法的益处:婴幼儿有选择机会,通过做来学习,而不是通过被告知去学习;进行选择和决策的过程,有助于婴幼儿发展自尊,而自尊又能促进他们决策的能力。

下面例释了与3岁以下儿童年龄相适应的游戏和玩具。(见表6-4)

表6-4 一些针对0—3岁儿童且与其年龄相适应的游戏和玩具

年　　龄	例　子
0—3个月	风铃、镜子、运动物体、布书
3—6个月	婴儿体操器械、发出咔嗒咔嗒声的玩具、有噪音的玩具、嚼牙环、玩偶鞋、纸板书
6—9个月	有纹理的书、游戏垫、软质积木、学习因果关系的玩具、球、纸板书
9—12个月	玩具电话、形状分类器、有内折画页的书、汽车、球、百宝篮
12—18个月	简单的拼图、堆叠玩具、拖拽玩具、攀登架、可骑的玩具、折叠式婴儿车和洋娃娃
18—24个月	乐器、茶具、游戏屋、种花工具、积木、书籍
24—36个月	装扮服装、与儿童身高匹配的家具、建构玩具、拼图、衣服可穿脱的洋娃娃、书籍、游戏面团

启发式游戏

埃莉诺·戈德斯米德(Elinor Goldschmeid)十分关注儿童发展研究对日常实践的影响,这也是她主要观点的基础。她对当前实践影响最大的三个观点是:

- 启发式游戏(heuristic play)
- 百宝篮(treasure baskets)
- 关键教养员方法

关键教养员方法在第4章的第118页和第5章的第129页曾作阐述。

通过多年观察游戏中的儿童,戈德斯米德认为儿童天生有一种探究的好奇心。她把这种能激发儿童好奇心的游戏称为"启发式游戏",意思就是鼓励儿童去发现、获知。她根据自己的发现,为1—3岁的儿童设计了活动,给他们提供了很大范围的非商业物品,让他们探索和实验。这些物品包括:

- 罐头容器
- 软木塞
- 小鹅卵石
- 丝带
- 纽扣
- 衣帽钩
- 硬纸筒

成人在启发式游戏中只要坐在一旁,安静地观察,支持儿童自己选择、发现。这个年龄段的儿童喜欢运用自己的感官探索和学习,对物体进行分类、摆放和排列。启发式游戏给他们提供了这样的机会。

婴儿也用自己的感官探索事物,戈德斯米德认识到了这一点,并提出了百宝篮思想,这个思想的依据就是启发式游戏。百宝篮是专门为会坐却不会行走的婴儿设计的。只有两条规则:

- 物体都是为吸引婴儿的感官而选择的,必须是天然材料,不能是塑料制品。
- 成人应当安静地坐着,不能干涉婴儿的游戏。

篮子只能是4英寸高,以便婴儿能轻易地把手伸进篮子里,而不会把篮子弄翻。理想的篮子应当有12英寸口径,里面装满了各种日常物品。之所以选择这些物品,是因为它们有不同的触觉质感,能够让婴儿自由自在地探索、细察、用嘴啃、用手玩等。

表6-5列举了你可以放在百宝篮里的资源类别。

表 6-5 百宝篮的内容

感官	例子
触觉 （质地、重量、形状）	冷杉球果、大鹅卵石、贝壳、大羽毛、浮石、丝瓜、天然海绵、木制指甲刷、酒椰纤维杯垫、盛鸡蛋的杯状托盘、丝巾、真皮钱包、天鹅绒
嗅觉	柠檬、酸橙、熏衣草香包
味觉	苹果
听觉 （电话铃声、叮咚声、嘎吱声、咣当声）	一串钥匙、链子、打蛋器、有盖子的小罐头盒、大干豆角、一串铃铛、餐巾纸
视觉 （颜色、形状、长度、亮度）	如上述的闪光的物体，有对比色的纤维（黑白），有花格的丝巾

为了安全和卫生起见，你应当对上述物品进行常规检查。篮子应当定期更新外观，以便持续吸引婴儿的兴趣。

户外游戏

作为一个早期教育人员，你应当对教室的各个区域都进行仔细布置。每个区域都应当组织有序，资源丰富。你应当和同事密切合作，反思实践，并作出必要的调整。如果希望弥补当今的变革社会使儿童失去的户外活动，让儿童重新获得一些户外体验，那么你对于户外环境的思考也应当达到这个水平。

如果户外游戏环境达到理想水平，就能提供机会让儿童：
- 设计、建设和建造。
- 积极参加体育活动。
- 体验科学发现。
- 发展语言和交流能力。
- 发展数学概念。
- 运用想象力。

大多数早期教育先驱者都重视户外环境，认为它在促进高质量学习体验方面发挥着重要作用。近些年，户外区域的价值已被认可，人们做了很多工作来改善学校和早期教育机构的户外环境。然而把户外区域作为教学和观察的环境加以运用，这方面仍需要改进。为了使户外游戏成为成功有效的学习区域，就要以一种特别的方式组织户外的活动。不能仅仅把这个区域看成儿童到处跑动消耗能量的地方，而要把户外活动看成宝贵的、丰富多彩的学习机会。户内环境组织有序，可以有效地开展全部课程。户外环境也应当和户内环境一样,按照相同的要求进行规划、组织和配备资源。

比尔顿(Bilton)对户外教室提出了 10 条指导原则。

户外教室工作的 10 条原则

1. 户内、户外应当作为一个不可分割的整体环境来看待。
2. 户内、户外环境应当同时向儿童提供。
3. 户外和户内所起的作用一样,也应当和户内一样得到规划、管理、评价、配备资源、安排员工和成人互动。
4. 户外是教和学的环境。
5. 应当认真考虑户外设计和布局。
6. 户外游戏对儿童的学习具有重要的作用,可能对于某些儿童作用更大。
7. 户外环境给儿童提供机会,让他们有效地利用各种学习方式——游戏、运动、感官体验。
8. 儿童需要丰富多彩的设备和环境。
9. 儿童应当能够管理、改变和调整他们的环境。
10. 工作人员应当对户外游戏提供支持。

来源:Bilton(2002)

成功的户外环境取决于成人对户外环境的热情。成人的职责就是让儿童和户内、户外环境结合起来。互动的质量能促使儿童的技能发展到更高的水平(Vygotsky,1978)。当儿童必须真正地思考、分析并和他人合作解决问题的时候,他们才有可能发展高级机能。正如比尔顿在上文概括的那样,户外环境和户内环境同样重要。

户外环境使我们能够教会儿童很多技能,包括:

- 正确应对自然资源。
- 关心户外环境。

小　结

儿童在游戏中表现出智力、解决问题的能力,并尝试新的想法。游戏使儿童能够探索他们知识之外的世界,发展他们的抽象思维。在成人的恰当参与下,游戏还能够使儿童发展高级机能。

本章所讨论的理论家都关注游戏,把游戏视为学习的一种方法。他们不但都承认儿童天生就有参与游戏的能力，而且还认可儿童有游戏的权利。他们强调的是学的重要性，而不是教的重要性，并认识到学应当是在游戏的过程中完成，而不是以游戏为代价。

早期教育人员总体都承认，游戏不仅仅是娱乐或打发时间。他们认可的原则是儿童通过游戏可以学得最好。游戏使儿童在智力、情感、身体和社会交往方面都得到发展。

精心设计的游戏能够促使儿童发展社会交往技能，使他们：
- 更加了解他人。
- 对他人更加敏感。
- 逐渐了解其他儿童的想法。

和其他实践领域一样，反思你所在的教育机构提供的游戏是有好处的。请思考：
- 你所提供的游戏质量如何？
- 游戏还可以如何改进？

检查你的理解

1. 什么是游戏？儿童为什么要参与游戏？
2. 早期教育先驱者在哪些方面的观点对游戏教育儿童的作用作出了贡献？
3. 本章列出的早期教育先驱者之间的主要差异有哪些？
4. 早期教育先驱者有关早期教育的哪些教导在你的教育实践中得到了最多的体现？

参考文献

Athey, C. (1990) *Extending Thought in Young Children: A Parent-Teacher Partnership*, Paul Chapman Publications

Bilton, H. (2002) *Outdoor Play in the Early Years*, David Fulton

Bruce, T. (1991) *Time to Play in Early Childhood Education*, Hodder & Stoughton

Bruce, T. (2001) *Learning Through Play: Babies, Toddlers and the Foundation Years*, Hodder & Stoughton

Bruce, T. (2004) *Developing Learning in Early Childhood 0—8*, Paul Chapman Publications

Bruner. J. (1976) *Play: Its Role in Evolution and Development*, Penguin

Daly, M., Byers, E. and Taylor, W. (2004) *Early Years Management in Practice*, Heinemann

Drury, R., Miller, L. and Campbell, R. (2000) *Looking at Early Years Education and Care*, David Fulton

Goldschmeid, E. and Jackson, S. (1994) *People Under Three*, Routledge

Isaacs, S. (1933) *Social Development in Young Children*, Routledge & Kegan Paul

Makins, V. (1997) *Not Just a Nursery*, NCB

Maynard, T. and Thomas, N. (2004) *An Introduction to Early Childhood Studies*, Sage Publications

Miller, L. and Devereux, J. (2003) *Supporting Children's Learning in the Early Years*, David Fulton

Mosley, J. (1970) *Quality Circle Time in the Primary Classroom*, LDA

Moyles, J. (1999) *The Excellence of Play*, Open University Press

Piaget, J. (1962) *Play, Dreams and Imagination in Childhood*, Norton

Pugh, G., De'Ath, E. and Smith, C. (1994) *Confident Parents, Confident Children*, NCB

Vygotsky, L. (1978) *The Mind in Society*, Harvard University Press

Wood, E. and Attfield, J. (2005) *Play, Learning and the Early Childhood Curriculum*, 2nd edition, Paul Chapman Publications

有用的网址

更多关于玛丽亚·蒙台梭利的资料：
www.montessorieducationuk.org
www.montessori.org.uk

术语表

Accommodation 顺应 正在加工的信息不适合现有的图式,儿童必须调整自己的概念,来容纳新的信息。(皮亚杰)

Adaptation 适应 同化和顺应的过程。(皮亚杰)

Adult-initiated play 成人发起的游戏 由成人提供的游戏。

Anthroposophy 人智学 一种研究精神科学、韵律运动和天性的学问,一个依据鲁道夫·斯坦纳的理想而发起的运动。

Areas of learning 学习领域 学习的六个领域,是《基础阶段课程指南》的基石。

Assimilation 同化 在这个过程中,儿童吸收信息,并使这些信息和他们现有的图式相符合。(皮亚杰)

Atelier 工作室 瑞吉欧·埃米利亚方法中的艺术工作室,学前教育机构的儿童可以和一名艺术教师在一起工作。

Atelierista 艺术教师 一名经验丰富的资深艺术家,他是瑞吉欧·艾米利亚方法中的一名工作人员。

Attachment 依恋 儿童与主要看护者之间在情感上的亲密感情。(鲍尔比)

Child-initiated play 儿童发起的游戏 由儿童发起的游戏,灵感可能来源于现场的资源或者他们的想象力。

Connectionists 关联学派 考察大脑协同工作的研究者。

DfES(Department for Education and skills) 教育与技能部

Directress 导演 蒙台梭利学校受过训练的教师。之所以如此称呼,是因为教师的职责是把儿童引导到学习上,而不是教孩子。

Early learning goals　早期学习目标　基础阶段结束时大多数儿童应当达到的既定期待目标。

Electra complex　恋父情结（厄勒克特拉情结）　少女爱恋父亲的理论。（弗洛伊德）

Emotional intelligence　情绪智力　了解自己和别人的情绪，运用情绪激励自己并与他人发展关系的能力。（戈尔曼）

Empathy　共情　对他人感情的敏感度以及设身处地地理解他人感情的能力。

Episodic memory　片段记忆　用来锻炼记忆的练习和活动。

Equilibration　平衡　一旦图式得到改变、发展，新的平衡状态就会产生。（皮亚杰）

Eurhythmy　韵律运动　优美或和谐的运动。

Free-flow play　自由流游戏　儿童完全投入且掌控了一切的游戏，其中有一种相互关联的网络，包含奋斗、探索、操控、发现和实践。（福禄倍尔，布鲁斯）

Ideal self　理想自我　个人最期待的自我概念。（罗杰斯）

Identification　认同　当儿童吸收了同一性别的父母信念和道德价值观后所发生的情况。（弗洛伊德）

Key worker/key person system　关键教养员制度　分配一名专门的从业人员负责和儿童、儿童的父母发展亲密关系，使儿童能够建立稳固的关系，有安全感；这名从业人员负责一小组儿童。（戈德斯米德）

Language acquisition device（LAD）语言习得机制　人类天生就有学习语言的能力，或者学习语言的先天机制。（乔姆斯基）

Motherese　母亲语　母亲对孩子使用的特殊的简单语言，另一个名称是父母语。（谢弗）

Naturalistic　自然的　在儿童生活的自然环境中进行的观察，没有多少改变或者人为加工因素。

Non-verbal communication 非言语交流 通过实物表达或者肢体语言的方式进行交流。

Oedipus complex 恋母情结(俄狄浦斯情结) 男孩对母亲产生爱欲,导致和父亲竞争的理论。(弗洛伊德)

Ofsted(Office for Standards in Education) 教育标准办公室 教育的督察机构,目的在于保证所提供的教育是标准化的。

Pedagogista 教育顾问 瑞吉欧·埃米利亚方法中,为几所学校和中心提供咨询和资讯的协调员。

Peer tutoring 同伴指导 大一些的儿童和小一些的儿童在一起,并对后者提供帮助。

Phonology 语音 语音的组织和模式。

Piazza 广场 瑞吉欧·埃米利亚学前教育机构中出现的聚会的中心场所。

Positive self-regard 积极的自我认同 喜欢并尊重自己的需要。(罗杰斯)

Procedural memory 过程记忆 通过演示和做事来教学,重复做某事以便记住它。

Rhythm 节奏 斯坦纳学校使用的术语,指的是一周活动流程。

Scaffolding 鹰架 支持儿童以已经学会的东西为基础继续前进。

Schema 图式 一种使儿童能够把经验归类的认知结构。(皮亚杰,布鲁斯)

Self-directed play 自主游戏 类似于儿童发起的游戏。

Self-identity 自我认同 一个人对自己的看法,可能是积极和消极感情的混合。

Self-concept 自我概念 个人对自己的想法和感情。(罗杰斯)

Self-esteem 自尊 儿童对自我价值的评价,包括如下两者之间的关系:他们感觉到自己是谁,能做什么;他们作为人应当是谁,应当能做什么。

Semantic memory 语义记忆 保持讨论地点、事实、事件和人物的机会。

Semantics 语义 单词的组合和它们的意义。

Staged theory 阶段理论 把发展和学习能力按照年龄和阶段进行分段的理论。

Stepping stones 发展阶石 面向早期学习目标设定的发展阶段。

Syntax 句法 单词的有意义结合。

Transference 移情 当有人把对一个人的看法和期待投射到另一个人身上的时候，就发生了移情。（弗洛伊德）

Unconditional positive regard 无条件的积极关注 不做判断和评价地给予关注。（罗杰斯）

Zone of actual development 现实发展区 儿童能够独立实现的发展阶段。（维果斯基）

Zone of proximal development 最近发展区 儿童必须有成人或者同伴帮助才能实现的发展阶段。（维果斯基）

附 录

研究者、理论家及其理论观点

请注意本表并非最完整的清单,特对未被收录的当代研究者致歉。

姓　名	日期(若适用)	主要研究领域	主要观点
莱斯利·阿博特 (Lesley Abbot)	当代研究者	早期教育课程,游戏,《0—3岁教养方案》	游戏促进学习。《0—3岁教养方案》研发小组领导者
玛丽·安斯沃思 (Mary Ainsworth)	当代研究者	依　恋	发展了鲍尔比的思想和分离焦虑理论
克里斯·艾希 (Chris Athey)	当代研究者	认知发展	发展并研究了图式概念
阿尔伯特·班杜拉 (Albert Bandura)	1925—	社会学习	研究儿童如何通过角色榜样学习,及其对儿童学习和行为的影响
阿尔弗莱德·比奈 (Alfred Binet)	1857—1911	智力测量	发展了一系列任务来测量成人和儿童的智力
彼得·布洛斯 (Peter Blos)	当代研究者	青春期同一性的发展	埃里克森的朋友,认为青春期是减少早期消极事件影响的重要时期
约翰·鲍尔比 (John Bowlby)	1907—1990	依　恋	考察了形成稳固关系和依恋的效果,通常是和母亲般的人物建立此种关系
蒂娜·布鲁斯 (Tina Bruce)	当代研究者	早期教育和游戏	考察了早期教育中游戏的价值,引入了自由流游戏的思想
杰罗姆·布鲁纳 (Jerome Bruner)	1915—	鹰架学习	以维果斯基的研究为基础,但认为儿童的思维有多种不同的发展方式,而不只是阶段上的变化;考察了成人在帮助儿童学习中的作用
罗伯特·凯斯 (Robert Case)	当代研究者	认知发展	认为认知发展的基础是信息加工理论
诺姆·乔姆斯基 (Noam Chomsky)	1928—	语言发展	引入了本能的语言习得机制(LAD),可以联系到语言习得是天性还是培育的论争

续表

姓　　名	日期(若适用)	主要研究领域	主要观点
A. D. B. 与 A. M. 克拉克（A. D. B. & A. M. Clark）	当代研究者	早期教育经验	早期教育经验如何会影响此后的发展,但并非决定此后的发展
古普塔（V Das Gupta）	当代研究者	认知与语言发展	发展了皮亚杰与维果斯基的理论
玛格丽特·唐纳森（Margaret Donaldson）	1926—	认知发展——儿童如何思维	依据皮亚杰的思想,以《儿童的思想》(Children's Minds)一书著称
朱迪·邓恩（Judy Dunn）	当代研究者	语言发展	提出了因果论述的概念及其原因的理念
埃里克·埃里克森（Erik Erikson）	1902—1939	情感与人格发展	是弗洛伊德的学生。认为情感、社会性发展与认知和语言发展有关。个人人格的发展持续到成年以后。提出了儿童发展过程中的心理社会阶段
杰里·福多尔（Jerry Fodor）	当代研究者	认知发展	相信所有儿童自出生就有相同的表征系统,基因结构使我们能够理解世界
西格蒙德·弗洛伊德（Sigmund Freud）	1856—1939	情感与人格发展	第一个认识到潜意识的学者,并探讨了潜意识对个体行为的影响。他相信发展是分阶段的,每个性心理阶段都有其特定的生理满足
弗里德里奇·福禄倍尔（Friedrich Froebel）	1782—1852	通过游戏实现早期学习	建立了第一个幼儿园,相信户内、户外游戏对儿童的符号性行为的重要价值
霍华德·加德纳（H Gardener）	当代研究者	多元智能	致力于基因决定的智力运算
阿诺德·格塞尔（Arnold Gesell）	1880—1961	成　熟	描述了几种由基因决定的发展模式
威廉·格拉瑟（William Glasser）	1925—	需　要	确信要增强儿童的能力,就要增强他们的自我价值感。可以通过非价值判断认知来获得

续表

姓　名	日期(若适用)	主要研究领域	主要观点
埃莉诺·戈德斯米德 (Elinor Goldschmeid)	当代研究者	启发式游戏及关键教养员角色	受到皮亚杰观点的影响,认为启发式游戏刺激身体和认知发展。探讨了儿童与一名关键教养员建立安全关系的需求
弗洛伦斯·古迪纳夫 (Florence Goodenough)	1886—1959	测量智商的图示	研发了"画一个人"的测验,有计点评分系统
彭尼·荷兰 (Penny Holland)	当代研究者	身体游戏、超级英雄游戏和战争游戏	研究了对儿童发展零容忍策略的后果
迈克尔·豪 (Michael Howe)	当代研究者	智　力	强调环境改变儿童智商的作用
苏珊·伊萨克 (Susan Isaacs)	1885—1948	游戏的价值和父母的作用	深受福禄倍尔的影响。相信游戏可以使儿童对生活的看法更平衡,父母是儿童主要的教育者
卡尔米洛夫-史密斯 (A Karmiloff-Smith)	当代研究者	语言发展	提出儿童天生就有具体领域的局限(domain-specific constraints),这有助于儿童以积极姿态开始人生
劳伦斯·科尔伯格 (Lawrence Kohlberg)	1927—1987	道德发展与性别认同	发展并重新定义了皮亚杰的观点。认为个人的道德认知发展要有六个阶段和三种水平,性别角色获得也像认知发展那样是分阶段发展的
约翰·洛克 (John Locke)	1632—1704	教　育	认为婴儿出生就要学习一切,是"中空的容器"
亚伯拉罕·马斯洛 (Abraham Maslow)	1908—1970	需　要	提出了生命发展周期中应当追求的需要层次理论。认为个体有五个方面的基本需要,一种需要被满足以后,下一个层次的需要会凸显出来
玛格丽特·麦克米兰 (Margaret McMillan)	1860—1931	直接学习,健康、社会教育和自由游戏的重要性	福禄倍尔协会成员。提倡对早期教育工作者的培训。建立了第一个露天幼儿园
玛丽亚·蒙台梭利 (Maria Montessori)	1870—1952	结构游戏	认为儿童在一生中某个阶段更容易学习某些事物

续表

姓　名	日期(若适用)	主要研究领域	主要观点
罗伯特·欧文 (Robert Owen)	1771—1858	早期教育	认为教育环境是锤炼儿童学习、社会交往发展和行为的一项基本要素
伊凡·巴甫洛夫 (Ivan Pavlov)	1849—1980	经典条件反射	研究了某种因为新刺激而发生的自动反应(比如反射)学习。主要以狗为试验对象
让·皮亚杰 (Jean Piaget)	1896—1980	认知与语言发展,游戏与道德认知	提出了认知发展阶段理论;考察儿童如何学习概念;研究了游戏与道德发展的几个阶段,影响力很大
罗伯特·普洛民 (Robert Plomin)	当代研究者	基因对发展的影响	承认在人、领养儿童和领养家庭之间,基因影响对个体差异的重要性
卡尔·罗杰斯 (Carl Rogers)	1902—1987	自我概念的发展	如果真实的自我形象和理想的自我形象一致,自尊就能够很好地发展
谢弗 (H Schaffer)	当代研究者	社会性发展	社会性发展与依恋问题
塞莱克 (Selleck)	当代研究者	情感与社会性发展	关键教养员角色以及建立安全关系的必要性
玛丽·谢里登 (Mary Sheridan)	当代研究者	身体发展	通过经常地、多次地观察儿童,确立了发展的标准
B. F. 斯金纳 (B. F. Skinner)	1904—1990	行为主义理论	主要试验对象是动物,以"斯金纳箱"而著称。认为如果行为得到不断强化,行为就会被重复
鲁道夫·斯坦纳 (Rudolf Steiner)	1861—1925	社区教育	相信如果要充分发展儿童的潜能,那么儿童和成人之间的关系非常重要
爱德华·桑代克 (Edward Thorndike)	1874—1949	强化理论	是斯金纳思想的继续发展。假定学习是一个"刺激—反应",并继之于满足/快乐的过程
列夫·维果斯基 (Lev Vygotsky)	1896—1934	社会学习	和皮亚杰一样,相信儿童是主动学习者,而且坚信社会性发展对儿童认知发展至关重要。提出"最近发展区"理论